综合交通枢纽经济与联动开发

樊一江／著

人民交通出版社股份有限公司
China Communications Press Co.,Ltd.

内 容 提 要

本书着眼于枢纽自身规律与发展的代际更替，重点围绕新环境新形势下枢纽与经济社会各领域跨界融合趋势，梳理分析综合交通枢纽发展的经济机理及相关问题。主要包括六部分内容：综合交通枢纽经济内涵与发展逻辑、综合交通枢纽与国家战略空间拓展、客运枢纽与区域综合开发、货运枢纽与现代多式联运、融合视角下综合交通枢纽规划理论与方法、综合交通枢纽联动开发的机制与政策等问题。

本书适用于交通规划、工程咨询、城市规划等领域的师生和科研人员研读，也适用于政府相关部门决策参考。

图书在版编目（CIP）数据

综合交通枢纽经济与联动开发 / 樊一江著. —北京：人民交通出版社股份有限公司，2017.10

ISBN 978-7-114-14269-7

Ⅰ. ①综… Ⅱ. ①樊… Ⅲ. ①交通运输中心—研究 Ⅳ. ①U115

中国版本图书馆 CIP 数据核字（2017）第 255898 号

书　　名：综合交通枢纽经济与联动开发
著 作 者：樊一江
责任编辑：司昌静
出版发行：人民交通出版社股份有限公司
地　　址：（100011）北京市朝阳区安定门外外馆斜街 3 号
网　　址：http://www.ccpress.com.cn
销售电话：（010）59757973
总 经 销：人民交通出版社股份有限公司发行部
经　　销：各地新华书店
印　　刷：北京鑫正大印刷有限公司
开　　本：720×960　1/16
印　　张：13.25
字　　数：209 千
版　　次：2017 年 10 月　第 1 版
印　　次：2017 年 10 月　第 1 次印刷
书　　号：ISBN 978-7-114-14269-7
定　　价：45.00 元

樊一江博士的新作《综合交通枢纽经济与联动开发》就要出版了，望我作序，我欣然同意了。

一则综合交通枢纽已然成为我国交通运输总体能力基本适应经济社会发展需要后，最大限度实现运输通道衔接和运输网络优化、充分发挥综合交通运输和单一方式功能、尽快提升整体运输和运输延伸服务效率的重要设施、功能和形态，备受政府、企业关注，但面临的问题也是十分突出的。关于综合交通枢纽的规划、布局、建设和运营，我国无论是在理论准备还是在实践操作方面，均缺乏足够的积累，加之在交通运输基础设施和运输服务规模扩张的关键阶段，各种运输方式总体上是分立发展的，更使得即使具有有效的理论准备，也很难在实践中顺利付诸实施，导致枢纽发展总体滞后和运输服务、运输功能衔接组织短板日益凸显。因此，亟待我们进行供给侧结构性改革层面的综合交通枢纽研究，以及对既有的理论与实践进行及时总结，为综合交通枢纽的健康发展提供一些参考。在这一点上，樊一江博士作为青年科研骨干，所著的《综合交通枢纽经济与联动开发》一书，做了难能可贵的探索，值得肯定。

二则是我国经济转型升级步伐扎实迈进，在沿海经济布局发展取得世界级成就，即成为世界制造中心后，沿海经济和产业顺应现代产业运行模式的变革，延伸产业链、实现产业集群化发展，以及经济后发的内陆地区在更高的起点上进行布局，以便发展效率和质量能够有效支撑产业在内陆留驻，实现我国版图全域性的经济均衡发展，提出了一个非常现实但高标准的要求，即交通运输基础设施和运输服务能力建设带动经济产业发展的边际效应不断降低后，必须寻求超越一般性交通先行、释放经济产业发展能量的传统模式的新路径，以现代高效率竞争性、多模式选择性和便衔接组织性的综合交通枢纽建设，为运输服务创新环境营造和支撑引领经济产业按照现代经济运行方式提供高效、多成本选择性的运输服务。在这种背景下，樊一江博士将自己多年来从事综合交通枢纽研究的工作进行梳理和理论总结，站在枢纽具备集聚、吸引运输等要素资源，培育枢纽经济发展和实现各个运输环节、产业发展环节实现联动的视角，完成《综合交通枢纽经济与联动开发》一书，既进行了有益的理论探索，又为综合交通枢纽研究提供了全新的领域和范式，值得提倡。

三则现代综合交通运输体系整体质量效率提升已经成为政府政策的重要导向，综合交通枢纽成为政府大力推动、市场积极参与综合交通运输体系的重要抓手。为抓住全球综合交通枢纽在经济运行、产业运作模式变革下的新一轮代际更替带来的发展机遇，在我国交通基础设施居于国际领先水平形势下，通过综合交通枢纽规划建设既发挥其在国土空间格局、产业布局优化调整中的重要作用，又加快推进交通运输现代化发展，特别是发挥好综合交通枢纽在"一带一路"建设、京津冀协同发展、长江经济带发展以及新型城镇化等为重点国家新的区域发展格局调整中为区域发展空间拓展、区域经济增长极培育、城市群整体效能培育、国际及区域中心城市位势能级提升的重要载体和重要条件方面的作用，使综合交通枢纽与关联产业深度融合后形成的"枢纽经济"，既是新形势下探索经济增长新旧动能转换的新领域与新范式，又是综合交通枢纽与经济产业交叉理论研究的重点。樊一江博士的《综合交通枢纽经济与联动开发》一书无疑做了拓荒性的先期研究，值得尊敬。

《综合交通枢纽经济与联动开发》一书尽管进行了可贵的值得肯定的理论和实践探索，但综合交通枢纽规划建设本身处于理论与实践不断完善之中，依托综合交通枢纽的枢纽经济的发展，以及枢纽与经济产业的联动发展更是需要进行交通、经济、产业层面的交叉学科的融合性研究，不仅难度大，而且需要更多的专家学者投入到理论、方法论和实践问题的研究中。因此，希望本书成为引玉之石，也希望樊一江博士能继续进行跟踪研究。

汪 鸣

2017 年 7 月 24 日

综合交通枢纽作为综合交通运输体系的重要组成部分，既是运输组织生产与服务的衔接中枢，也是客流、货流、商流、信息流、资金流等经济要素的汇聚节点，是现代经济社会活动的重要载体。近年来，我国各界高度关注综合交通枢纽发展。2007 年，经国务院同意印发的《综合交通网中长期发展规划》，第一次在国家文件中正式提出综合交通枢纽的概念层级和发展导向，体现了国家着力推动发展综合交通枢纽的战略意志。随后，国家相关部门不断深化细化推动综合交通枢纽发展的政策举措。2012 年国务院印发《“十二五”综合交通运输体系规划》，提出到 2015 年“基本建成 42 个全国性综合交通枢纽”的发展目标，并要求“加快综合交通枢纽规划工作，协调枢纽与通道的发展”。2016 年经国务院同意，国家发展和改革委员会、交通运输部联合印发《关于推动交通提质增效提升供给服务能力的实施方案》，结合新业态新模式带来的深刻变化，首次从跨界融合的视角在国家文件中提出“发展枢纽经济”。2017 年国务院印发《“十三五”现代综合交通运输体系发展规划》，进一步完善了综合交通枢纽层级架构和功能内涵，并明确赋予枢纽联动产业、城镇、贸易、金融等融合发展的使命和任务。

各地围绕更好推动综合交通枢纽发展积极探索，武汉、广州、北京、大连、西安等枢纽试点城市，先后开展综合交通枢纽总体规划研究和编制工作，旨在更好指导城市枢纽战略发展。新疆、云南等省区将全域作为枢纽整体，围绕“一带一路”倡议，分别提出“打造丝绸之路经济带核心区交通枢纽中心”“建设面向南亚东南亚辐射中心”等战略任务。南京市、河南省等省市在地方层面率先提出发展“枢纽型经济或枢纽经济”的目标方向。此外，上海、天津、厦门等建设“国际航运中心”，重庆、武汉等建设“长江航运中心”，舟山建设“江海联运服务中心”，南通建设“通州湾江海联动示范区”以及多地积极建设各类临港经济区、临空经济示范区、高铁新城等，均属于综合交通枢纽以及枢纽经济范畴的重要实践探索。

当前综合交通枢纽在我国之所以备受关注，一方面，是随着改革开放40年左右的大力建设，综合交通网络骨架基本成型，综合运输通道能力显著提升，但枢纽发展总体滞后，衔接组织短板问题日益凸显，加快综合交通枢纽建设发展已成为推动交通供给侧结构性改革、提高现代综合交通运输体系整体质量和效率的重要抓手。另一方面，在全球综合交通枢纽新一轮代际更替总体趋势下，枢纽在国土空间格局、产业布局优化调整中的支撑、引领乃至锚固作用更为突出，特别是在以“一带一路”建设、京津冀协同发展、长江经济带发展以及新型城镇化等为重点国家新的区域发展格局调整形势下，综合交通枢纽已成为区域发展空间拓展、区域经济增长极培育、城市群整体效能升级、国际及区域中心城市位势能级提升等重要载体和条件。再一方面，随着互联网经济、现代服务经济以及高铁经济、航运经济等新技术新业态快速涌现，综合交通枢纽聚集要素、组织资源的平台整合和功能创新作用进一步显现，与关联产业深度融合后所形成的“枢纽经济”，已成为新形势下探索经济增长新旧动能转换的新领域与新范式。

诚然，当前各方高度重视，各地也在积极实践，但综合交通枢纽发展仍然存在诸多问题，各方认识尚不统一，理论及其方法论尚未形成体系，既有理论方法相对微观，视野比较局限。更多时候，综合交通枢纽被简单视作一个交通项目、一个设施工程，很少从产业运行、空间布局、进出口贸易等角度系统考虑枢纽发展的经济社会效能及其效能发挥的内在逻辑问题；也很少围绕运输链、供应链、产业链、服务链、价值链组织衔接和要素流转，整体考虑枢纽“经济组织”这一本质功能与核心价值的发挥挖掘。围绕与经济社会深度融合，充分利用现代信息技术和服务业态模式，实现枢纽效能拓展跃升，依托“交通枢纽”，联动“信息枢纽”，打造形成“经济枢纽”，已成为未来我国综合交通枢纽发展需要解决的重要问题。对于具体消费者或者企业而言，则更加关注枢纽发展所带来的获得感，即依托国内外、海陆空、硬软性、线上下等各级各类枢纽分工协作与组织衔接，能否实现枢纽畅捷、智慧、绿色、安全运行的美丽蓝图，最终实现旅客“两次换乘、通达全球”，货物“一次交递、送达全球”、产业组织“一单到底、串接全球”、消费者“一次点击、消费全球”。

为此，作者围绕上述问题，结合这些年研究工作和实践，撰写本书。重点着眼枢纽自身规律与发展的代际更替，围绕新环境新形势下枢纽与经济社会各领域跨界融合趋势，梳理分析综合交通枢纽发展的经济机理及相关问题，以期为新时代中国特色社会主义理论体系下的现代综合交通运输发展理论研究，特别是中国特色综合交通枢纽发展理论研究做些探索。本书主要包括六部分内容。第一章，探讨综合交通枢纽经济内涵与发展逻辑问题。重点围绕“枢纽经济”与“经济枢纽”等关注热点，从经济层面分析综合交通枢纽的层级类别与功能内涵。第二章，探讨综合交通枢纽与国家战略空间拓展问题。重点围绕新时期国家战略调整与政策转型，从宏观层面分析我国综合交通枢纽发展面临的新形势与新要求。第三章，探讨客运枢纽与区域综合开发问题。以大型客运枢纽为研究对象，梳理研判大型客运枢纽与区域联动开发的理论逻辑，针对我国实际分析综合客运枢纽与区域联动开发的现状和问题。第四章，探讨货运枢纽与现代多式联运问题。重点围绕现代多式联运内涵实质，结合我国发展实际，从支撑多式联运发展的角度，分析我国货运枢纽特别是综合货运枢纽发展现状和存在的问题。第五章，从融合视角探讨综合交通枢纽规划理论与方法问题。重点围绕综合交通枢纽自身发展规律、代际更替趋势以及需求变化，总结归纳综合交通枢纽规划的一般理论与主要方法，并结合新疆、湖南等案例予以分析佐证。第六章，探讨综合交通枢纽联动开发的机制与政策问题。重点围绕综合交通枢纽城市节点、客运枢纽综合开发、货运枢纽支撑多式联运发展等提出相关政策建议。

由于作者水平有限，本书还有很多不完善之处，仅为抛砖引玉，请大家批评指正。同时，在此也对在本书著作中给予支持和帮助的领导、同事、专家、学者、朋友、家人等表示衷心的感谢。特别感谢交通枢纽、多式联运等研究团队的每位成员，本书很多观点都得益于各位的智慧启发。

作 者

2017 年 7 月于北京

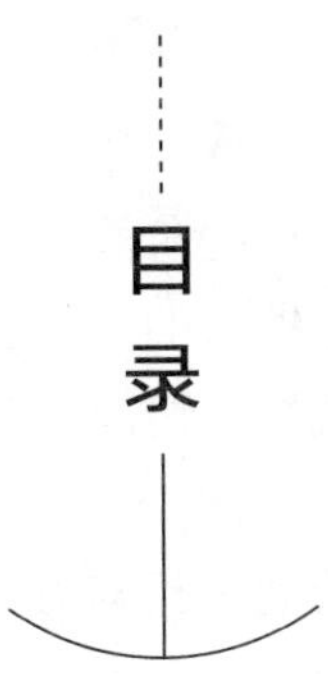

1 综合交通枢纽经济内涵与发展逻辑

枢纽是近年来各界使用频率颇高的热门词汇，尤其是交通运输、信息通信、水利水电等领域以及区域经济、城市经济、企业管理等业界，均高度关注枢纽发展问题。围绕枢纽关联领域形成了一系列专业概念词汇和相关解释，如交通运输枢纽、信息枢纽、水利枢纽、网络枢纽、区域组织枢纽、城市枢纽等，并由此引申出诸如枢纽经济等一系列跨领域、融合性的新概念与新理念。实践中，依托重要枢纽，特别是重要交通枢纽，实施与周边区域空间综合联动开发，也已成为国内外发展的大势所趋。交通枢纽联动开发与经济社会发展需求变化以及枢纽经济概念延伸紧密相关。为此，本章重点从枢纽的概念、类别以及传统交通视角、广域经济视角等角度进行梳理和分析。

1.1 枢纽与交通运输枢纽

1.1.1 枢纽

在我国，枢纽一词由来已久。《辞海》解释为：“枢纽，即比喻冲要的地点或事物的关键之处。所谓枢，即事物的重要组成部分或中心部分，还有就是门户的转轴。所谓纽，即交互而成的扣结，有关全局的关键。”《文心雕龙·序志》中云：“盖《文心》之作也，本乎道，师乎圣，体乎经，酌乎纬，变乎骚，文之枢纽，亦云极矣。”《现代汉语词典（第6版）》将枢纽解释为：“事物的重要关键；事物相互联系的中心环节。”按照上述解释，枢纽具有宽泛的应用范围，经济社会、天文地理、生物自然等各个领域均可使用。目前，国内外社会认知度和使用率较高的，是交通运输领域的枢纽概念。

1.1.2 交通运输枢纽

在交通运输业内，目前对于枢纽概念认知尚未完全统一，有的以“交通枢纽”进行定义，有的以“运输枢纽”进行定义，还有的将上述二者进行综合加以定义。

胡列格（2004）、胡永举（2011）等指出，交通枢纽又称运输枢纽，是几种运输方式或几条运输干线交汇并能办理客货运输作业的各种技术设备的综合体，一般由车站、港口、机场和各类运输线路、库场以及运输工具的装卸、到发、中转、联运、编解、维修、保养、安全、导航和物资供应等设施组成。胡思继（2005）认为：“交通枢纽是指在两条或者两条以上交通运输线路的交汇、衔接处形成的，具有运输组织与管理、中转换乘及换装、装卸存储、信息流通和服务等功能的综合性设施。”从本质上而言，交通枢纽与运输枢纽区别不大，其作为交通运输的生产组织基地和交通运输网络中客货集散、转运及过境的场所，是提高交通运输效率的关键。其中，服务一种交通运输方式的称为单式交通枢纽，服务于两种或两种以上交通运输方式的称为综合交通枢纽。

罗仁坚（2012）认为：“交通枢纽与运输枢纽在内涵、功能、作用以及布局上有很大的不同，应区分所指，引导规范使用。交通枢纽，是指交通网络和通道上的主要节点，关注的重点是这一节点的对外连通和在通道网络中的地位，既包括公共运输运营线路，也包括私人交通。也就是说，主要是从交通基础设施网络或交通线路的角度来看的节点。运输枢纽，是指依托交通基础设施线路网络建立的运输网络的重要节点和在节点提供运输组织与服务的主要站场和设施，关注的重点是节点的设施场所和能力及服务水平。对于旅客和货主来说，只有通过这些具体的设施场所才能乘坐或装运上开往某些方向和目的地的公共运输工具（汽车、火车、飞机、轮船）。也就是说，主要是从提供公共运输服务的运营线路角度来看的节点和设施。即使是虹桥这样的大型枢纽也是运输枢纽，由各种运输方式的站场联合组成，提供航空、铁路、公路多种对外公共运输服务，私人对外交通没有必要，也不会到这样的站场来。”

2007 年国务院批准印发的《综合交通网中长期发展规划》，则是从国家综合交通网整体空间格局的角度对综合交通枢纽概念加以界定，首次在政府文件中明确“综合交通枢纽是在综合交通网络节点上形成的客货流转换中心”。强调其位于国家综合运输大通道或区域运输通道的重要交汇点，依托城市和重要城镇，在跨区域、区域人员和物资运输中具有重要的集散中转功能，有一定的吸引和辐射范围，对国家、区域和地区综合交通网络的合理布局、顺畅衔接和高效运行具有重要作用和影响。

1.1.3 交通运输枢纽与信息枢纽联动

除上述认识外，一些专家学者进一步开阔了交通运输枢纽研究视野，对其概念的内涵和外延也进行了更为广域的界定。赵丽珍（2005）认为，交通运输枢纽是运输干线连接或交汇点所在的城市节点，不仅包括各种运输方式的场站设备，同时包括城市内各场站相互衔接的线路设备及信息网络。

从近年的发展来看，传统交通运输枢纽的内涵与功能，随着人们生产生活交易等活动方式的变化而不断拓展。特别是在大数据、互联网、云计算等现代信息技术不断更迭的趋势下，传统交通运输枢纽与通信信息枢纽之间的联动融合趋势日趋明显。加之现代金融、电子商务等服务业态模式的不断融入与嫁接，交通运输枢纽与信息枢纽深度融合，聚集客流、货流等传统实体要素和信息流、资金流等虚拟要素的能力、水平、范围、层次深刻变化，依托枢纽对资源要素“组织”功能而形成的区域经济发展模式和地区经济增长驱动方式问题，逐步进入业界视野。由此派生的“枢纽经济”发展问题，已成为当前业界关注的重点。

1.2 交通运输视角下枢纽层级划分

交通运输层面对综合交通枢纽的理解，主要是围绕综合交通网络空间格局以及客货运换乘换装组织作业场所等展开。近年来，各界对于交通运输枢纽的认识不断深化，概括而言，可以分为宏观认识、中观认识和微观认识，如表 1-1 所示。

宏中观视角下交通枢纽主要类别　　表 1-1

划分角度	主要类别
宏中微观	枢纽区域、枢纽节点城市（镇）、枢纽站场
功能特质	源生型、中转型、复合型
地理区位	内陆型、口岸型

1.2.1 宏观层面：枢纽区域

所谓枢纽区域，即立足大的国土区域板块，如洲际乃至全球角度，从人员、物资等在大空间尺度范围上的流动以及综合交通网在大的区域空间范围布局等角度，考虑枢纽的范围、地位、功能和作用。如云南提出“打造面向东南亚的区域交通枢纽”，新疆提出“打造丝绸之路经济带交通枢纽中心”，四川提出“打造西部综合交通枢纽”等，这些都属于枢纽区域概念，即将本省、区所辖空间范围作为一个大的“交通运输枢纽”予以整体考虑，统筹谋划区域内运输通道、交通网络、城镇节点、枢纽站场、辅助设施设备以及运输服务系统等布局与发展问题。近年来，关于宏观层次“枢纽区域”的提法，被社会各界特别是地方政府广泛关注。

1.2.2 中观层面：枢纽节点

中观层次枢纽节点主要是城镇节点概念，包括各类大中小城市、城镇、口岸等主要人口、产业聚集区。在枢纽区域概念提出之前，枢纽节点是宏观层次的交通枢纽概念，主要指运输通道和交通干线连接或交汇点所在的城市和城镇等。

1）交通枢纽节点

如前所述，2007 年国务院批准印发的《综合交通网中长期发展规划》中确定的综合交通枢纽便是枢纽节点城镇概念，即“按照其所处的区位、功能和作用，衔接的交通运输线路的数量，吸引和辐射的服务范围大小，以及承担的客货运量和增长潜力，可分为全国性综合交通枢纽、区域性综合交通枢纽和地区性综合交通枢纽三个层次。”其中，全国性综合交通枢纽位于综合运输大通道的重要交汇点，依托省、自治区、直辖市的中心城市和口岸城市，在跨区域人员和国家战略物资运输中集散、中转功能突出，有广大的吸引和辐射范围，对综合交通网络的合理布局、顺畅衔接和高效运行具有全局性的作用和影响。全国性综合交通枢纽涵盖了我国规划发展的所有重要枢纽港口、枢纽机场，铁路及公路主枢纽，与当时“五纵五横”综合运输大通道共同构成我国综合交通网络骨架。并首次在全国范围内确定了 42 个全国性综合交通枢纽，同时，明确在北京、上海、广州、深圳、大连、武汉、西安和成都 8 个城市进行综合交通枢纽衔接试点。

专栏 1-1 《综合交通网中长期发展规划》确定的
42 个全国性综合交通枢纽

北京、天津、哈尔滨、长春、沈阳、大连、石家庄、秦皇岛、唐山、青岛、济南、上海、南京、连云港、徐州、合肥、杭州、宁波、福州、厦门、广州、深圳、湛江、海口、太原、大同、郑州、武汉、长沙、南昌、重庆、成都、昆明、贵阳、南宁、西安、兰州、乌鲁木齐、呼和浩特、银川、西宁、拉萨。

2017 年 2 月，国务院印发的《“十三五”现代综合交通运输体系发展规划》结合新的形势变化，对国家综合交通枢纽城市层级进一步细分，在原全国性、区域性、地区性综合交通枢纽节点基础上，增加了国际性综合交通枢纽和重要口岸枢纽两个层级（图 1-1），并首次在综合交通网络中提出组合枢纽节点的空间格局。

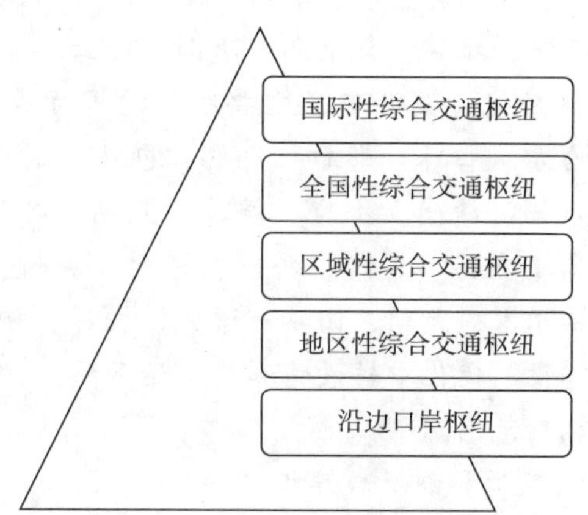

图 1-1 综合交通枢纽节点城市层级划分

《“十三五”现代综合交通运输体系发展规划》明确要求国际性综合交通枢纽“强化国际人员往来、物流集散、中转服务等综合服务功能，打造通达全球、衔接高效、功能完善的交通中枢”。对国际性综合交通枢纽发展要求也分为两大类，一类是“重点打造”，包括北京、上海、广州、成都等节点城市或组合节点。另一类是“建设”，包括昆明、乌鲁木齐等节点城市。同时，对全国性综合交通枢纽布局和数量进行调整和增加，《综合交通网中长期发展规划》确定的42个全国性综合交通枢纽中的一部分划入国际性枢纽层级，剩下的均继续列为全国性综合交通枢纽，并在此基础上增加了一批节点城市及组合节点。此外，明确了一批重点建设的沿边重要口岸枢纽。

专栏1-2 《“十三五”现代综合交通运输体系发展规划》确定的综合交通枢纽节点

1. 国际性综合交通枢纽

重点打造北京—天津、上海、广州—深圳、成都—重庆国际性综合交通枢纽，建设昆明、乌鲁木齐、哈尔滨、西安、郑州、武汉、大连、厦门等国际性综合交通枢纽，强化国际人员往来、物流集散、中转服务等综合服务功能，打造通达全球、衔接高效、功能完善的交通中枢。

2. 全国性综合交通枢纽

全面提升长春、沈阳、石家庄、青岛、济南、南京、合肥、杭州、宁波、福州、海口、太原、长沙、南昌—九江、贵阳、南宁、兰州、呼和浩特、银川、西宁、拉萨、秦皇岛—唐山、连云港、徐州、湛江、大同等综合交通枢纽功能，提升部分重要枢纽的国际服务功能。推进烟台、潍坊、齐齐哈尔、吉林、营口、邯郸、包头、通辽、榆林、宝鸡、泉州、喀什、库尔勒、赣州、上饶、蚌埠、芜湖、洛阳、商丘、无锡、温州、金华—义乌、宜昌、襄阳、岳阳、怀化、泸州—宜宾、攀枝花、酒泉—嘉峪关、格尔木、大理、曲靖、遵义、桂林、柳州、汕头、三亚等综合交通枢纽建设，优化中转设施和集疏运网络，促进各种运输方式协调高效，扩大辐射范围。

3. 区域性综合交通枢纽及口岸枢纽

推进一批区域性综合交通枢纽建设，提升对周边的辐射带动能力，加强对综合运输大通道和全国性综合交通枢纽的支撑。

推进丹东、珲春、绥芬河、黑河、满洲里、二连浩特、甘其毛都、策克、巴克图、吉木乃、阿拉山口、霍尔果斯、吐尔尕特、红其拉甫、樟木、亚东、瑞丽、磨憨、河口、龙邦、凭祥、东兴等沿边重要口岸枢纽建设。

2）交通物流枢纽节点

随着现代物流在我国的快速发展，物流枢纽与交通运输枢纽一并也成为中观层面各界关注的重点。近年来，国家及相关部委相继出台一系列关于交通及物流发展规划，如《物流业振兴与调整规划》《全国流通节点城市布局规划（2015—2020年）》《营造良好市场环境推动交通物流融合发展实施方案》等，其中规划确定的物流枢纽、流通枢纽、交通物流枢纽等均为节点城市概念。如2009年国务院印发的《物流业振兴与调整规划》，将物流节点城市分为全国性物流节点城市、区域性物流节点城市和地区性物流节点城市，并确定了北京、上海等21个全国性物流节点城市和哈尔滨、长春等17个区域性物流节点城市。

2015年，商务部、国家发展改革委等10部委联合印发的《全国流通节点城市布局规划（2015—2020年）》将全国流通节点城市划分为国家级、区域级和地区级共三级，并确定国家级流通节点城市37个、区域级流通节点城市66个。

2016年国务院办公厅转发国家发展改革委《营造良好市场环境推动交通物流融合发展实施方案》，在充分吸收衔接已有综合交通规划、物流规划、流通规划等基础上，首次规划布局了国家综合交通物流枢纽，重点强化交通枢纽的物流功能，根据区位条件、辐射范围、基本功能、需求规模等，划分为全国性、区域性和地区性三类综合交通物流枢纽。

专栏1-3　全国性和区域性综合交通物流枢纽布局

1. 全国性综合交通物流枢纽

作为国家交通物流网络的核心节点，应有三种以上运输方式衔接，跨境、跨区域运输流转功能突出，辐射范围广，集散规模大，综合服务能力强，对交通运输顺畅衔接和物流高效运行具有全局性作用。主要包括：北京—天津、呼和浩特、沈阳、大连、哈尔滨、上海—苏州、南京、杭州、宁波—舟山、厦门、青岛、郑州、合肥、武汉、长沙、广州—佛山、深圳、南宁、重庆、成都、昆明、西安—咸阳、兰州、乌鲁木齐等。

2. 区域性综合交通物流枢纽

作为国家交通物流网络的重要节点，应有两种以上运输方式衔接，区域运输流转功能突出，辐射范围较广，集散规模较大，综合服务能力较强，对区域交通运输顺畅衔接和物流高效运行具有重要作用。主要包括：石家庄、太原、福州、南昌、海口、贵阳、拉萨、西宁、银川等。

1.2.3 微观层面：枢纽站场

微观层面的枢纽是指枢纽站场，是实体概念，即具体承担组织旅客或货物到发、中转、换乘换装的一体化设施和场所。目前对于微观层面枢纽站场概念的认识主要包括整体概念、单体概念，其类别划分也有功能特征、服务对象等多个视角。

1）整体概念和单体概念

整体概念认为枢纽是一定地区内枢纽站场的有机整体，至少应包含两个及两个以上枢纽站场或多种运输方式枢纽站场的组合，具体可分为两类。一类是单一方式运输枢纽（可以有多种集疏运方式），是枢纽站场的集合体，如铁路领域中的枢纽概念，是指位于路网的交汇点或端点，由客运站、编组站、其他车站和各种为运输服务的设施以及连接线路所组成的整体，其作用主要是汇集并交换各衔接线路的车流，为城镇、港阜和工矿企业提供客货服务，是组织车流和调节列车运行的据点，为该地区铁路运输的中枢。另一类是综合交通枢纽站场，是指两种及两种以上对外运输方式枢纽站场集中或立体布局的一体化组合设施体。

单体概念主要指单一运输方式站场，如公路客运站、公路货运站、地铁站等。如果将城市公共交通也视为一种运输方式的话，如城市公交汽车、出租车等，现实中单一方式的运输站场则相对很少。

2）主要类别划分

对于交通枢纽站场的分类，从不同角度有不同的类别划分。按地位作用，可以分为主干枢纽、重要枢纽、一般枢纽，如我国沿海港口布局规划将港口分为主要港口、地区性重要港口和一般港口三个层次。2017 年国家发展改革委、中国民航局联合印发的《全国民用运输机场布局规划》，将民用运输机场分为世界级机场群、国际枢纽、区域枢纽、支线机场等。按照服务对象，可以分为客运枢纽和货运枢纽。按服务区域，分为对外枢纽和城市内部换乘枢纽等，具体划分如表 1-2 所示。

此外，近年来围绕“一带一路”建设实施，中欧班列发展迅猛，班列开行重要依托的枢纽成为各界关注的重点。2016 年“一带一路”领导小组办公室印发《中欧班列建设发展规划（2016—2020）》，明确要求按照铁路“干支结合、枢纽集散”的班列组织方式，在内陆主要货源地、主要铁路枢纽、沿海重要港口、沿边陆路口岸等地规划设立一批中欧班列枢纽站场。

交通枢纽站场的类别划分 表 1-2

序号	分类依据	具体类别
1	按地位作用	主干枢纽、重要枢纽、一般枢纽
2	按服务对象	客运枢纽站场、货运枢纽站场
3	按交通功能	对外枢纽站场、城市内部换乘枢纽站场
4	按运输方式	铁路站场、公路站场、港口、机场
5	按布局结构	立体式交通枢纽站场、平面式交通枢纽站场
6	按规模大小	大型综合交通枢纽站场、中型综合交通枢纽站场、小型综合交通枢纽站场
7	按服务范围	以国际服务为主的交通枢纽站场、以全国服务为主的交通枢纽站场、以区域服务为主的交通枢纽站场、以地区服务为主的交通枢纽站场

专栏 1-4 中科院地理所对枢纽的地位划分

中科院地理所的陈航、张文尝在 2000 年的研究成果中按照地位与功能分工将枢纽划分为主干枢纽、重要枢纽和一般枢纽。

1. 主干枢纽

位于主干线路的起讫点和交叉点；设施设备规模大，有专业化码头；不同方式间中转量大，对区域交通起着重大作用；枢纽所在地为区域中心城市，城市规模大、经济实力强。

2. 重要枢纽

位于主干线与其他干线交叉处，路网意义不大，但运量很大；对于地方作用大，但对区域作用不大；所在城市一般是省区级经济中心。

3. 一般枢纽

位于一般干线起讫点或交叉点；港站规模小；所在地城市规模不大，辐射和影响能力相对有限。

对枢纽站场分类的根本目的是，根据不同枢纽站场的特点和功能要求，进行分类规划、分类建设、分类布局、分类衔接、分类施策。2016 年，国家发展改革委印发《关于打造现代综合客运枢纽提高旅客出行质量效率的实施意见》，综合考虑发展定位、服务对象、辐射范围等因素，将综合客运枢纽分为三类。一类枢纽是以枢纽机场、高速铁路客运站、大型客运码头等为主的综合客运枢纽。二类枢纽是以干线机场、中型铁路客运站和城际铁路客运站、大型公路客运站、中型客运码头等为主的综合客运枢纽。三类枢纽是支线机场、市域（郊）和其他铁路客运站、公路客运站、客运码头综合客运枢纽以及城市轨道交通换乘站、公交枢纽等。原则上要求：一类综合客运枢纽应有两条及两条以上不同方向的城市轨道交通、市域（郊）铁路等衔接，或做好预留，强化与城市道路网的多向衔接；二类和三类综合客运枢纽应做好与城市路网的衔接，具有对外运输功能的综合客运枢纽应衔接城市快速通道，有条件的应实现与城市轨道交通的衔接。

在研究层面，国家发展改革委综合运输研究所课题组，结合经济社会、交通运输和现代物流等发展实际，在对综合客运枢纽进行类别划分的基础上，也重点对综合货运枢纽进行了研究细分，具体如表 1-3 所示。在分类时特别注重货运枢纽与现代物流、多式联运、产业聚集园区等系统联动。

国家发展改革委课题组关于综合交通枢纽站场的类别划分建议 表 1-3

类别		构成
综合客运枢纽	一类	以干线机场、高铁站等大型铁路客运站、大型客运码头等为主
	二类	以支线机场、中型铁路客运站和城际铁路站、大型公路客运站、中型客运码头等为主
	三类	市域（郊）和其他铁路客运站、公路客运站、客运码头以及城市重要地铁、公交枢纽等
综合货运枢纽	一类	包括重点港口、铁路集装箱中心站及大型货场、干线机场及专业货运机场、大型公路货运站等
	二类	包括支线机场和其他港口、铁路货站、公路货运站等

此外，部分城市也结合自身实际对综合交通枢纽站场进行了分类细化，如上海市根据枢纽依托的站点设施类型及其承担的基本功能，将综合客运枢纽分为 A、B、C、D 四大类。

专栏 1-5 上海综合客运枢纽类别划分

1. A 类枢纽

以大型对外交通设施为主体的综合客运交通换乘枢纽，即以航空、铁路等大型对外交通设施为主体，配套设置轨道交通车站、公交枢纽站、社会停车场库、出租车营业站等市内交通设施，从而形成城市内外综合交通换乘枢纽。

2. B 类枢纽

以市内公共交通设施为主体的综合客运交通换乘枢纽，即以轨道交通站点和常规公交为主体，配合其他交通设施的枢纽站（包括出租车营运站、社会机动车辆停车场库和长途客运站等）。该类枢纽还可以细分为以下两种：一是以三线及三线以上轨道交通换乘站为主体的大型 B 类枢纽；二是除第一类外以轨道交通站点为主体的中型 B 类枢纽。

3. C 类枢纽

以轨道交通和机动车换乘为主体的 P + R 停车换乘枢纽。主要布局在城市外围，选择同时靠近主要公路和轨道交通站点的场所，建设大中型社会停车场，赋予便捷的换乘条件和优惠的停车收费优惠条件，达到适当截流进城个体机动车的目的，成为 P + R 停车换乘枢纽。该类枢纽具有较方便的换乘和停车收费优惠条件，能达到截流目的，具体包括轨道交通、社会停车场库等对内交通设施。

4. D 类枢纽

以单纯的常规公交换乘站点为主体的枢纽。

1.3 经济视角下的枢纽功能与内涵

目前，国内外各界对于交通枢纽的作用与功能基本形成共识，认为交通枢纽，特别是综合交通枢纽是综合交通运输体系的重要组成部分，对提升交通运输效率、支撑引导乃至锚固城镇空间和产业格局、促进区域经济社会发展具有重要作用。随着经济社会进步、城镇空间的拓展以及交通运输的发展，综合交通枢纽的功能、内涵外延、类别层级也在不断扩展，人们对于枢纽的认识也在不断深化，由传统交通层面的认识拓展到经济、社会、产业层面的认知。经济层面对枢纽的认识，侧重于交通枢纽与经济整体运行、产业布局与组织、城镇空间结构等之间的逻辑关联和相互作用，是对枢纽发展代际更迭规律以及发展实践的积极响应，也正是在经济产业的维度下，出现了当下各界高度关注的热点名词“枢纽经济”。经济维度下对枢纽功能内涵的认知拓展，体现了“跨界”融合的串接理念，既反映传统供给，也体现新型服务，既顺应传统要求，也响应新兴需求。概括而言，经济层面对枢纽的认识存在两个维度：一是围绕枢纽城市节点，二是围绕枢纽站场。

1.3.1 以交通枢纽为基础和支撑的经济枢纽、产业枢纽

经济产业维度的关注主要针对中观层面的枢纽节点城市，包括城镇、口岸、产业园区、人口聚集区等，部分也涉及宏观层面的枢纽区域。相比而言，更加关注城市和城镇。这一维度的枢纽，不局限于综合交通枢纽自身的功能与内涵，更为强调以综合交通枢纽为服务基础和支撑条件的经济、产业、贸易、开放等功能，即经济枢纽、产业枢纽、贸易枢纽（图1-2）的概念，甚至拓展到信息枢纽以及更宽泛认识下资源要素配置中枢的概念。

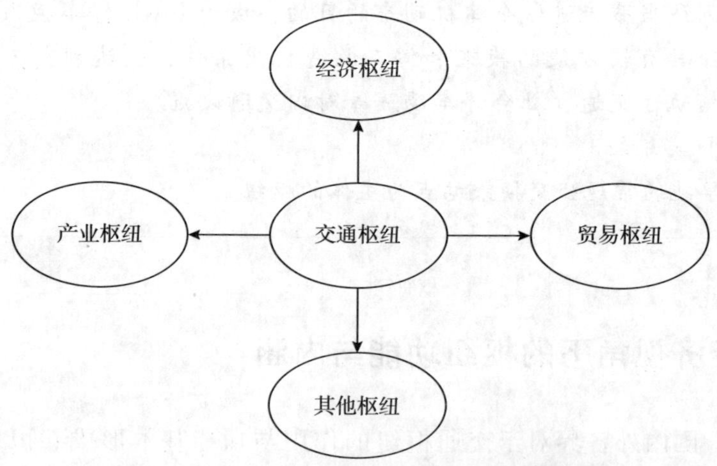

图1-2　经济产业视角下枢纽节点的逻辑类别

经济层面下枢纽节点的功能类别，与城镇自身功能特点、资源禀赋条件、地理区域以及交通条件等直接相关，其基本的经济逻辑是“通道经济”“枢纽

经济”与“产业经济”等的融合互动。即从国家以及区域大的空间版图角度，依托主要运输通道形成沿线“产业经济”，在沿线产业经济带上的重要节点按照产业链合理分工的要求，形成若干节点“聚集经济”，从而形成围绕节点城镇的“枢纽经济”，再通过“枢纽经济”能级提升，提升整个“通道经济”辐射带动空间、范围、层次和质量，并围绕产业链分工合作形成区域联动且闭合循环的经济运行路径。

在经济枢纽节点的概念逻辑下，枢纽的功能与城市功能直接关联。按照功能特点，城市可以分为消费型城市等、生产型城市、服务型城市等，与之相对应的经济范式包括生产经济、流通经济、服务经济、知识经济、总部经济、园区经济、飞地经济、枢纽经济等，这些经济支撑范式与城市功能相结合，则有了城市在区域中的总体定位，即区域中心城市、国家中心城市、世界城市等概念。经济视角下城市与枢纽城市逻辑关联如图 1-3 所示。

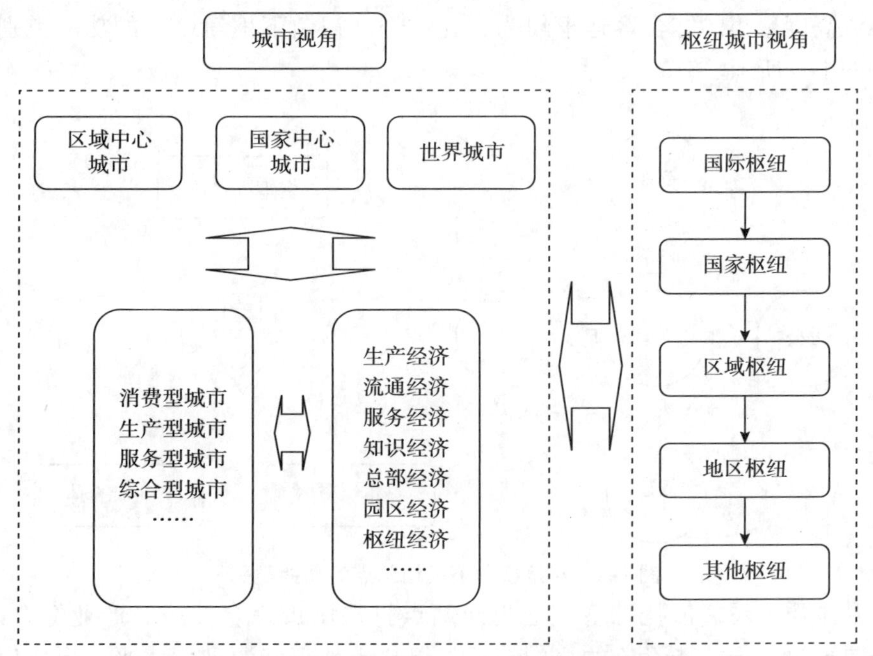

图 1-3　经济视角下城市与枢纽城市逻辑关联

从这一逻辑视角，枢纽节点则可细划分为生产型枢纽节点、服务型枢纽节点、消费型枢纽节点、资源型枢纽节点、贸易型枢纽节点等。按功能则可分为区域枢纽、国家枢纽以及国际枢纽等。

1.3.2 依托单体交通枢纽功能拓展形成城市综合体和产业综合区

该维度主要针对实体综合交通枢纽站场。从国际实践来看，顺应需求的多样化、融合化发展，围绕综合客运枢纽打造城市综合体，即以高铁车站、城际铁路车站等为主，集交通、商业、商务、会展、体验、康体等为一体，以及围绕综合货运枢纽打造产业综合区，即以机场、港口、物流园区等为主，集生产、加工、运输、仓储、金融、保险以及其他增值服务等为一体，已经成为发达国家和地区综合交通枢纽站场发展的主流趋势。例如，日本的京都火车站、东京涩谷车站，德国柏林中央火车站，西班牙马德里王子波尔车站，我国在建的香港广深港客运专线西九龙总站等，都是综合交通枢纽站场由交通综合体向城市综合体转型的典型代表。而且，随着互联网经济下新业态、新模式的兴起，交通枢纽的功能进一步拓展，很多O2O模式的线下体验店都以客流高度聚集的综合客运枢纽为依托。经济视角下枢纽站点的功能类别具体如图1-4所示。

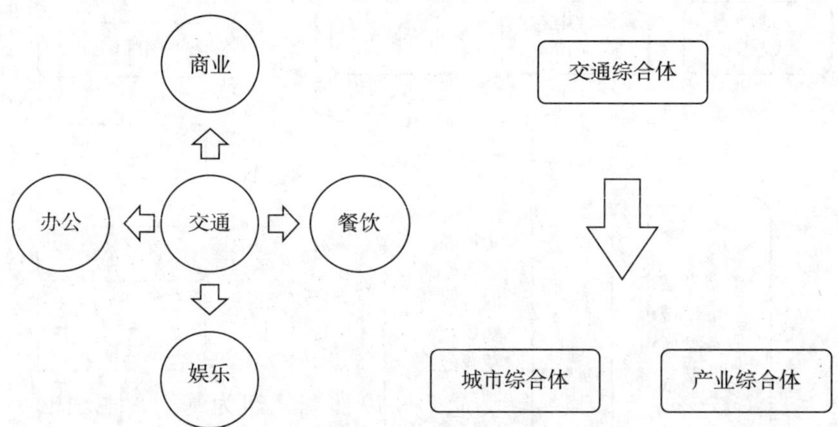

图1-4 经济视角下枢纽站点的功能类别

从本质上看，依托综合交通枢纽站点打造城市综合体或者产业综合园，核心是通过不同功能设施的集中布局，提高土地等资源利用水平，形成以枢纽站场为中心的场所经济和极化经济效应，进而提升区域整体发展的效率和能级。从综合体在城市以及城镇空间体系中的布局来看，也已由过去的“一点”拓为“一片”，即由传统的枢纽站点拓展为枢纽区域，充分体现了集约化、多元化、系统化的融合发展理念。

1.3.3 经济视角下的“枢纽经济”发展探索

正是基于现代交通网络日臻完善和现代信息技术手段快速涌现下的枢纽功能的提升拓展，其与地区乃至区域经济和产业发展关联日益紧密。枢纽已不仅是支撑区域产业、经济发展的重要手段和条件，更是深度融合物流链、产业链、贸易链与价值链，深度关联新兴消费，联动培育新业态新模式的重要载体。“跨界”融合理念下，依托枢纽载体所形成的新的业态模式和经济发展范式，已成为带动区域经济转型升级的重要增长点和新的经济增长方式的重要驱动力。从这一角度，枢纽经济新业态新模式，既是经济发展新动能培育和新空间拓展的重要实践者，也是经济新旧动能转换的重要推动者。正因如此，在国家着力推动经济转型升级、深化供给侧结构性改革、强化新旧动能转化、强调发展空间拓展的大背景下，“枢纽经济”被国内外经济专家和实践工作者所广泛关注。在这一背景下，围绕枢纽的联动开发，包括大区域协同开发以及小站点综合开发等，则成为推动枢纽经济发展的重要途径和手段之一。

关于“枢纽经济”的认识，目前学界尚未统一，程继隆（2010）认为：“枢纽经济是在关键地域、关键部位的事物相互联系而集中作用的经济现象，由于枢纽的特殊地位所决定，产生了比其他普通领域超强的经济功能。中国的改革开放助推了枢纽经济快速发展，并且以点带面，星火燎原，正以强大的气势点燃中国市场经济的熊熊烈火，枢纽经济给中国带来巨大变化。”储东涛、田伟（2016）指出：“枢纽型经济是枢纽和经济的合成词。这里的枢纽，可以是交通枢纽，也可以是通信枢纽、水利枢纽、水电枢纽、地理枢纽（城市中心和次中心地块、区域中心城市），等等，但以交通枢纽为主。其中，交通枢纽与地理枢纽互为因果——交通枢纽以地理枢纽为基础，地理枢纽因交通枢纽而优势凸显。一般情况下，枢纽型经济是指交通枢纽型经济。”

汪鸣（2017）指出：“枢纽经济是借助经济要素资源聚集平台，包括交通枢纽、物流枢纽、物流服务平台、金融平台等，对商流、物流、资金流、信息流、客流等进行集聚、扩散、疏导等的规模化产业发展模式，具有高度的供应链、产业链、产业集群化组织特征。在互联网经济业态不断创新、综合运输和物流枢纽服务组织支撑下，以城市为载体的枢纽经济发展正呈现出全新的发展格局，通过聚集具有区域辐射能力的经济要素，主要是具有‘流’

的特征的经济要素，城市经济总量扩张、产业层次跃升、发展地位提升的路径正在发生改变。”目前，这一认识得到业界较为广泛的认同。

在实践层面，国内外各界均在积极探索，着力推动各类形式枢纽经济发展，例如国际航运中心建设、临空经济区发展、航空航运高铁经济业态培育等。近年来，国内对于枢纽经济发展高度关注。2016 年，国家发展改革委等印发《关于推动交通提质增效提升供给服务能力的实施方案》，明确提出：“加快全国性、区域性综合交通枢纽建设，发展枢纽经济，强化区域联动开发。”2017 年，国务院印发《“十三五”现代综合交通运输体系发展规划》，要求“以高速铁路通道为依托，以高铁站区综合开发为载体，培育壮大高铁经济，引领支撑沿线城镇、产业、人口等合理布局，密切区域合作，优化资源配置，加速产业梯度转移和经济转型升级。基本建成上海国际航运中心，加快建设天津北方、大连东北亚、厦门东南国际航运中心，提升临港产业发展水平，延伸和拓展产业链。建设北京新机场、郑州航空港等临空经济区，聚集航空物流、快件快递、跨境电商、商务会展、科技创新、综合保障等产业，形成临空经济新兴增长极。”

此外，我国江苏、河南、四川等多地也在积极探索培育枢纽经济新业态新模式。例如，2015 年南京市出台《中共南京市委、南京市人民政府关于加快推进枢纽型经济建设的意见》，提出“高起点规划建设空港、海港、高铁三大枢纽经济区”，“坚持以载体建设为抓手，切实将综合枢纽优势转化为转型发展优势和产业竞争优势，推动基础设施、产业发展、城市功能相互融合、协调共进”。2017 年河南省政府工作报告提出“要以郑州等交通枢纽城市为节点，完善枢纽功能，以物流带产业，以枢纽聚产业，培育高铁、临空产业，大力发展枢纽经济。”

从目前情况来看，关于枢纽经济的探索，实践已经走在理论的前边，特别是国内实践已经超前于国内外理论指导，相关政策略显滞后，部分政策缺乏实操性。加之我国经济发展步入新的阶段，特别是以互联网技术为支撑的现代产业聚集、商贸流通等新业态新模式快速涌现更迭并呈现新的特征。因此，不能完全简单照搬国外发展经验，必须顺应发展趋势，立足实际，把握规律，加快建立和完善枢纽经济发展的理论和方法论体系，为具体实践和国家决策提供指导和支撑。

2 综合交通枢纽与国家战略空间拓展

综合交通枢纽是跨区域或区域内客流、货流、商流、信息流等交流转换中心，是综合交通网络的重要支点，不仅对完善交通运输网络、提升运输效率和服务水平、降低全社会物流成本等具有重要作用，更对促进区域资源高效流动、强化资源组织配置、协同联动关联产业发展、拓展国际国内发展空间、引导乃至锚固国土空间形态等方面具有深远影响。新常态下我国经济社会发展形势深刻变化，要求围绕新战略新理念，以提高发展质量和效益为中心，以供给侧结构性改革为主线，加快形成引领经济发展新常态的体制机制和发展方式，着力拓展发展动力新空间和战略纵深空间。特别是着眼区域协调发展和以“一带一路”建设为统领的全方位开放新格局构建，都需要进一步完善和优化综合交通枢纽布局功能，全面提升枢纽对国家战略空间拓展的战略支撑作用。本章围绕新时期国家环境形势新变化和战略发展新要求，探讨宏观、中观、微观各层次枢纽对国家战略实施及空间拓展的逻辑支撑和着力方向，特别关注宏观、中观层面分析枢纽区域和枢纽节点城市与国家发展空间拓展和国土开发之间的关联与作用。

2.1 新时期国家战略与政策调整

当前，我国经济社会发展面临的国际国内形势深刻变化，发展环境错综复杂。尽管总体判断和平与发展的时代主题没有变，但国际金融危机冲击和深层次影响在相当长时期依然存在，世界经济在深度调整，就目前来看依然增长乏力。欧美日以及新兴经济体等走势和宏观政策取向分化，全球贸易持续低迷，贸易保护主义强化，新一轮科技革命和产业变革蓄势待发，国际能源格局发生重大调整，局部地区地缘博弈更加激烈，传统安全威胁和非传统安全威胁交织。从国内看，经济发展进入新常态，向形态更高级、分工更优化、结构更合理阶段演化的趋势更加明显，提质增效、转型升级要求更加紧迫。顺应新的形势变化，党中央、国务院审时度势，形成了一系列治国理政新理念新思想新战略，为在新的历史条件下深化改革开放、加快推进社会主义现代化提供了科学理论指导和行动指南。

2.1.1 总体战略与理念创新

党的十八大以来，党中央、国务院从国家整体发展上提出“五位一体”总体布局、“四个全面”战略布局以及“五大发展理念”，以更好推动和实现社会主义现代化和中华民族伟大复兴。

1）“五位一体”总体布局

党的十八大报告明确“建设中国特色社会主义，总依据是社会主义初级阶段，总布局是五位一体，总任务是实现社会主义现代化和中华民族伟大复兴”，并要求“必须更加自觉地把全面协调可持续作为深入贯彻落实科学发展观的基本要求，全面落实经济建设、政治建设、文化建设、社会建设、生态文明建设五位一体总体布局，促进现代化建设各方面相协调，促进生产关系与生产力、上层建筑与经济基础相协调，不断开拓生产发展、生活富裕、生态良好的文明发展道路”。这其中，经济建设是根本，政治建设是保证，文化建设是灵魂，社会建设是条件，生态文明建设是基础，五位一体总体布局共同构成了一个有机整体。

2）“四个全面”战略布局

党的十八大以来，围绕实现社会主义现代化和中华民族伟大复兴，党中央总体战略上提出全面建成小康社会、全面深化改革、全面依法治国、全面从严治党的“四个全面”战略布局，既有战略目标又有战略举措，既统揽全局又突出重点，更加完整地展现出新一届中央领导集体治国理政总体框架和总体思路，进一步清晰了党和国家在当前和今后一段时期各项工作关键环节、重点领域和主攻方向，明确了彼此间内在逻辑，为推动改革开放和社会主义现代化建设迈上新台阶提供了强力保障。

2012 年，党的十八大报告提出“确保到2020 年实现全面建成小康社会”，并明确“经济持续健康发展，人民民主不断扩大，文化软实力显著增强，人民生活水平全面提高，资源节约型、环境友好型社会建设取得重大进展等”具体要求。2013 年，党的十八届三中全会通过《中共中央关于全面深化改革若干重大问题的决定》，提出“全面深化改革的总目标是完善和发展中国特色社会主义制度，推进国家治理体系和治理能力现代化”，并围绕经济体制、政治体制、文化体制、社会体制、生态文明等体制改革和党的建设制度改革进行了全面部署。2014 年 10 月，党的十八届四中全会通过《中共中央关于全面推进依法治国若干重大问题的决定》，对全面推进依法治国做出战略部署。2014 年 10 月，习近平总书记在党的群众路线教育实践活动总结大会上，提出全面推进从严治党的要求并进行了整体部署。

3）五大发展理念

2015 年 11 月，党的十八届五中全会审议通过《中共中央关于制定国民经济和社会发展第十三个五年规划的建议》，明确要求完善发展理念，实现“十三五”时期发展目标，需要破解发展难题，厚植发展优势，牢固树立并切实贯彻创新、协调、绿色、开放、共享的五大发展理念。《国民经济和社会发展第十三个五年规划纲要》（以下简称《“十三五”规划纲要》），进一步明确“坚持创新发展、协调发展、绿色发展、开放发展、共享发展，是关系我国发展全局的一场深刻变革。创新、协调、绿色、开放、共享的新发展理念是具有内在联系的集合体，是‘十三五’乃至更长时期我国发展思路、发展方向、发展着力点的集中体现”。其中，创新是引领发展的第一动力；协调是持续健康发展的内在要求；绿色是永续发展的必要条件和人民对美好生活追求的重要体现；开放是国家繁荣发展的必由之路；共享是中国特色社会主义的本质要求。

4）深化供给侧结构性改革

《“十三五”规划纲要》明确“贯彻落实新发展理念、适应把握引领经济发展新常态，必须在适度扩大总需求的同时，着力推进供给侧结构性改革，使供给能力满足广大人民日益增长、不断升级和个性化的物质文化和生态环境需要。必须用改革的办法推进结构调整，加大重点领域关键环节市场化改革力度，调整各类扭曲的政策和制度安排，完善公平竞争、优胜劣汰的市场环境和机制，最大限度激发微观活力，优化要素配置，推动产业结构升级，扩大有效和中高端供给，增强供给结构适应性和灵活性，提高全要素生产率。必须以提高供给体系的质量和效率为目标，实施宏观政策要稳、产业政策要准、微观政策要活、改革政策要实、社会政策要托底的政策支柱，去产能、去库存、去杠杆、降成本、补短板，加快培育新的发展动能，改造提升传统比较优势，夯实实体经济根基，推动社会生产力水平整体改善”。

2.1.2 区域战略与政策调整

顺应新的国际国内发展环境变化，积极响应国际社会特别是主要经济体区域发展战略调整，围绕国家战略空间拓展，党中央、国务院明确当前及未来一段时期，深入实施西部开发、东北振兴、中部崛起和东部率先的区域发展总体战略，创新区域发展政策，以“一带一路”建设、京津冀协同发展、长江经济带发展为引领，形成沿海沿江沿线经济带为主的纵向横向经济轴带，塑造要素有序自由流动、主体功能约束有效、基本公共服务均等、资源环境可承载的区域协调发展新格局。同时，明确坚持以人的城镇化为核心、以城市群为主体形态、以城市综合承载能力为支撑、以体制机制创新为保障，加快新型城镇化步伐，努力缩小城乡发展差距，推进城乡发展一体化。

1）“一带一路”倡议

“一带一路”，即丝绸之路经济带和21世纪海上丝绸之路。2013年9月，习近平总书记在哈萨克斯坦纳扎尔巴耶夫大学做《弘扬人民友谊共创美好未来》演讲，提出“为了使我们欧亚各国经济联系更加紧密、相互合作更加深入、发展空间更加广阔，我们可以用创新的合作模式，共同建设‘丝绸之路经济带’。这是一项造福沿途各国人民的大事业”。2013年10月，习近平总书记在印度尼西亚国会发表《携手建设中国—东盟命运共同体》重要演讲，指出“东南亚地区自古以来就是‘海上丝绸之路’的重要枢纽，中国愿同东盟国家加强海上合作，使用好中国政府设立的中国—东盟海上合作基金，发展好海洋合作伙伴关系，共同建设‘21世纪海上丝绸之路’”。

“一带一路”是我国首倡、高层推动的国家区域合作和对外开放倡议，核心是秉持亲诚惠容，坚持共商共建共享原则，开展与有关国家和地区多领域互利共赢的务实合作，打造陆海内外联动、东西双向开放的全面开放新格局。重点围绕政策沟通、设施联通、贸易畅通、资金融通、民心相通，健全“一带一路”双边和多边合作机制。强调推动“六廊六路、多国多港”合作框架建设，推进与周边国家基础设施互联互通，共同构建连接亚洲各次区域以及亚欧非之间的基础设施网络。其中，“六廊”是指新亚欧大陆桥、中蒙俄、中国—中亚—西亚、中国—中南半岛、中巴和孟中印缅六大国际经济合作走廊，“六路”指铁路、公路、航运、航空、管道和空间综合信息网络，“多国”是指一批先期合作国家，“多港”是指若干保障海上运输大通道安全畅通的合作港口。

目前，“一带一路”倡议实施超过预期。截至2016年年底，全球100多个国家和国际组织积极支持和参与“一带一路”建设，联合国大会、联合国安理会等重要决议纳入“一带一路”建设内容。我国同40多个国家和国际组织签署合作协议，同30多个国家开展机制化产能合作，同60多个国家和国际组织共同发出推进“一带一路”贸易畅通合作倡议。我国同“一带一路”国家贸易总额超过3万亿美元。对“一带一路”国家投资累计超过500亿美元。在20多个国家建设56个经贸合作区，创造近11亿美元税收和18万个就业岗位。建成和正在推进亚吉铁路、雅万高铁、中老铁路、匈塞铁路、瓜达尔港等一批重大基础设施互联互通项目。中欧班列快速发展，成为国际物流新品牌，我国24个城市与欧洲11个国家的24个城市之间建立46条中欧班列运行线路，2016年开行1702列，同比增长109%。

2017年5月14日至15日，第一届“一带一路”国际合作高峰论坛在北京举行，来自130多个国家的约1500名各界贵宾作为正式代表出席论坛，其中包括29位外国元首、政府首脑及联合国秘书长、红十字国际委员会主席等3位重要国际组织负责人。该“一带一路”国际合作高峰论坛是2017年我国重要的主场外交活动，对推动国际和地区合作具有重要意义。

2）京津冀协同发展

京津冀协同发展是新时期国家重要区域发展战略之一，核心是将京津冀三地作为一个整体协同发展，以有序疏解北京非首都功能、解决北京“大城市病”为基本出发点，调整优化城市布局和空间结构，构建现代化交通网络系统，扩大环境容量生态空间，推进产业升级转移，推动公共服务共建共享，加快市场一体化进程，建设以首都为核心的世界级城市群，打造中国经济发展新的支撑带，辐射带动环渤海地区和北方腹地发展，形成目标同向、措施一体、优势互补、互利共赢的协同发展新格局。

该战略的重点是有序疏解北京非首都功能，降低主城区人口密度。重点疏解高耗能高耗水企业、区域性物流基地和专业市场、部分教育医疗和培训机构、部分行政事业性服务机构和企业总部等。高水平建设北京市行政副中心。规划建设集中承载地和“微中心”。优化空间格局和功能定位，构建“一核双城三轴四区多节点”的空间格局。优化产业布局，推进建设京津冀协同创新共同体。构建一体化现代交通网络。建设高效密集轨道交通网，强化干线铁路建设，加快建设城际铁路、市域（郊）铁路并逐步成网。完善高速公路网络。构建分工协作的港口群。打造国际一流航空枢纽。扩大环境容量和生态空间，加强大气污染联防联控，实施大气污染防治重点地区气化工程，细颗粒物浓度下降25%以上。加强饮用水源地保护。推动公共服务共建共享。

为扎实推进京津冀协同发展，2017 年 4 月，党中央、国务院决定设立雄安国家级新区。雄安新区位于河北省，地处北京、天津、保定腹地，规划范围涵盖雄县、容城、安新 3 个县及周边部分区域。规划建设起步区面积约 100km^2，中期发展区面积约 200km^2，远期控制区面积约 2000km^2。雄安新区是继深圳经济特区和上海浦东新区之后又一具有全国意义的新区，是千年大计、国家大事，对于集中疏解北京非首都功能，探索人口经济密集地区优化开发新模式，调整优化京津冀城市布局和空间结构，培育创新驱动发展新引擎，具有重要意义。

3）长江经济带发展

长江经济带覆盖上海、江苏、浙江、安徽、江西、湖北、湖南、重庆、四川、云南、贵州 11 个省市，面积约 205 万 km^2，人口和生产总值均超过全国的 40%。其横跨我国东中西三大地带，具有独特优势和巨大发展潜力，已发展成为我国综合实力最强、战略支撑作用最大的区域之一。

长江经济带建设的核心是坚持生态优先、绿色发展的战略定位，把修复长江生态环境放在首要位置，推动长江上中下游协同发展、东中西部互动合作，建设成为我国生态文明建设的先行示范带、创新驱动带、协调发展带。重点是建设沿江绿色生态廊道，切实保护和改善水环境，集约高效永续利用好长江水资源。推进全流域水资源保护和水污染治理，妥善处理好江河湖泊关系，推进长江上中游水库群联合调度，加强流域重点生态功能区保护和修复。统筹规划沿江工业与港口岸线、过江通道岸线、取排水口岸线。创新跨区域生态保护与环境治理联动机制。加快构建高质量综合立体交通走廊，充分发挥长江黄金水道的优势和潜力，加快推进干线航道系统治理，改善支流通航条件，依托长江黄金水道，统筹发展多种交通方式。优化沿江城镇和产业布局，合理引导产业转移，坚决淘汰落后污染产能，因地制宜优化城市群布局和形态，提升长三角、长江中游、成渝三大城市群功能，发挥上海“四个中心”引领作用，发挥重庆战略支点和连接点的重要作用，全面提高长江经济带城镇化质量。建设集聚度高、竞争力强、绿色低碳的现代产业走廊。

4）主体功能区战略

主体功能区即各地区所具有的、代表该地区的核心功能，是指基于不同区域的资源环境承载能力、现有开发密度和发展潜力等，将特定区域确定为特定主体功能定位类型的一种空间单元。为推进形成人口、经济和资源环境相协调的国土空间开发格局，加快转变经济发展方式，促进经济长期平稳较快发展和社会和谐稳定，国家明确要求推进主体功能区战略。

重点强化主体功能区作为国土空间开发保护基础制度的作用，加快完善主体功能区政策体系，推动各地区依据主体功能定位发展。有度有序利用自然，调整优化空间结构，推动形成以“两横三纵”为主体的城市化战略格局、以“七区二十三带”为主体的农业战略格局、以“两屏三带”为主体的生态安全战略格局以及可持续的海洋空间开发格局。合理控制国土空间开发强度，健全差别化的财政、产业、投资、人口流动、土地、资源开发、环境保护等政策。以市县级行政区为单元，建立由空间规划、用途管制、差异化绩效考核等构成的空间治理体系。建立国家空间规划体系，以主体功能区规划为基础统筹各类空间性规划，推进“多规合一”。

5）新型城镇化战略

新型城镇化，主要是区别以往的城镇化，是指坚持以人为本，以新型工业化为动力，以统筹兼顾为核心，推动城镇现代化、城镇集群化、城镇生态化和农村城镇化发展。当前国家正在着力推进新型城镇化发展，强调坚持以人的城镇化为核心、以城市群为主体形态、以城市综合承载能力为支撑、以体制机制创新为保障，加快新型城镇化步伐，提高社会主义新农村建设水平，努力缩小城乡发展差距，推进城乡发展一体化。

要求加快构建以陆桥通道、沿长江通道为横轴，以沿海、京哈京广、包昆通道为纵轴，大中小城市和小城镇合理分布、协调发展的“两横三纵”城市化战略格局。增强中心城市辐射带动功能，超大城市和特大城市要加快提高国际化水平，适当疏解中心城区非核心功能，强化与周边城镇高效通勤和一体发展，促进形成都市圈。大中城市要加快产业转型升级，形成带动区域发展的增长节点。科学划定中心城区开发边界，推动城市发展由外延扩张式向内涵提升式转变。以提升质量、增加数量为方向，加快发展中小城市。因地制宜发展特色鲜明、产城融合、充满魅力的小城镇。转变城市发展方式，加大“城市病”防治力度，不断提升城市环境质量、居民生活质量和城市竞争力，努力打造和谐宜居、富有活力、各具特色的城市。推动新型城镇化和新农村建设协调发展，提升县域经济支撑辐射能力，促进公共资源在城乡间均衡配置，拓展农村广阔发展空间，形成城乡共同发展新格局。

2.1.3 其他重要战略与政策调整

根据新时期总体战略格局要求，我国提出创新驱动、制造强国、服务经济、国家大数据等一系列新的发展战略导向和配套政策。

1）创新驱动发展战略

强调把发展基点放在创新上，以科技创新为核心，以人才发展为支撑，推动科技创新与大众创业万众创新有机结合，塑造更多依靠创新驱动、更多发挥先发优势的引领型发展。发挥科技创新在全面创新中的引领作用，加强基础研究，强化原始创新、集成创新和引进消化吸收再创新，着力增强自主创新能力，为经济社会发展提供持久动力。打造区域创新高地，引导创新要素聚集流动，构建跨区域创新网络。充分发挥高校和科研院所密集的中心城市、国家自主创新示范区、国家高新技术产业开发区作用，形成一批带动力强的创新型省份、城市和区域创新中心。把大众创业万众创新融入发展各领域各环节，鼓励各类主体开发新技术、新产品、新业态、新模式，打造发展新引擎。构建激励创新的体制机制。

2）制造强国战略

围绕《中国制造 2025》，以提高制造业创新能力和基础能力为重点，推进信息技术与制造技术深度融合，促进制造业朝高端、智能、绿色、服务方向发展，培育制造业竞争新优势。全面提升工业基础能力，加快发展新型制造业，实施高端装备创新发展工程，明显提升自主设计水平和系统集成能力，培育若干先进制造业中心。推动传统产业改造升级，积极稳妥化解产能过剩。

3）服务经济发展

把握服务经济发展重要历史机遇，阔步迈向服务经济新时代。着力激发全社会推动服务经济创新发展的动力和活力，以服务经济创新发展引领产业升级、改善民生福祉、增强发展动能，构建优质高效、充满活力、竞争力强的现代服务经济新体系，推动中国服务与中国制造互促共进，支撑引领经济转型升级和社会全面进步。促进新一代信息技术向服务经济广泛渗透，积极发展新技术、新产业、新业态、新模式。推进服务业与农业、制造业及服务业内部深度融合，以服务经济发展，提升中国制造核心竞争力，形成“中国服务 + 中国制造”的组合效应。

4）质量强国战略

全面强化质量管理，开展质量品牌提升行动，解决一批影响产品质量提升的关键共性技术问题，加强商标品牌法律保护，打造一批有竞争力的知名品牌。建立企业产品和服务标准自我声明公开和监督制度，支持企业提高质量在线检测控制和产品全生命周期质量追溯能力。完善质量监管体系。建立商品质量惩罚性赔偿制度。

5）网络强国战略

牢牢把握信息技术变革趋势，实施网络强国战略，加快建设数字中国，推动信息技术与经济社会发展深度融合，加快推动信息经济发展壮大。构建泛在高效的信息网络，加快构建高速、移动、安全、泛在的新一代信息基础设施，推进信息网络技术广泛运用，形成万物互联、人机交互、天地一体的网络空间。发展现代互联网产业体系，实施“互联网 +”行动计划，促进互联网深度广泛应用，带动生产模式和组织方式变革，形成网络化、智能化、服务化、协同化的产业发展新形态。

6）国家大数据战略

把大数据作为基础性战略资源，全面实施促进大数据发展行动，加快推动数据资源共享开放和开发应用，助力产业转型升级和社会治理创新。全面推进重点领域大数据高效采集、有效整合，深化政府数据和社会数据关联分析、融合利用，提高宏观调控、市场监管、社会治理和公共服务精准性和有效性。促进大数据产业健康发展，深化大数据在各行业的创新应用，探索与传统产业协同发展新业态新模式，加快完善大数据产业链。加快海量数据采集、存储、清洗、分析发掘、可视化、安全与隐私保护等领域关键技术攻关。促进大数据软硬件产品发展。完善大数据产业公共服务支撑体系和生态体系，加强标准体系和质量技术基础建设。

2.2 国家战略政策调整对综合交通枢纽发展的要求

如前所述，综合交通枢纽类别划分多样，既包括综合交通网络上的节点城市，也包括旅客或货物在多种运输方式之间换乘换装的一体化交通运输站场设施以及枢纽区域等。但无论是节点城市，还是运输站场，都是综合交通运输体系的重要组成部分，是衔接多种运输方式、辐射一定区域的客货转运中心和各种要素汇聚发散中心，在对接、支撑、保障、承载乃至引领新时期国家战略和政策，特别是区域发展战略和转型发展战略中具有重要作用，也承担着重要的历史使命，面临新的发展要求。

2.2.1 要求综合交通枢纽按照新战略和新理念创新发展

"五位一体"总体布局、"四个全面"战略布局以及"五大发展理念"等新时期治国理政新理念新思想新战略，是指导经济社会各领域、各区域发展的总体纲领。新时期，综合交通枢纽的发展必须紧紧围绕"五位一体"总体布局、"四个全面"战略布局以及"五大发展理念"发展要求，突出对经济、政治、文化、社会与生态文明建设的支撑与串接。突出对全面建成小康社会、全面深化改革、全面依法治国、全面从严治党等保障与承载，特别是紧紧围绕全面建成小康社会战略目标和全面深化改革总体方向，充分发挥市场在综合交通枢纽建设发展以及组织运行中的积极作用，更好发挥政府作用，有效调动各方积极性，提升现代综合交通枢纽方便大众出行、促进物资高效流转、降低全社会物流成本和经济运行成本等功能作用，使广大群众真正体会到现代综合交通枢纽发展所带来的获得感。突出创新、协调、绿色、开放、共享新发展理念，贯穿于综合交通枢纽建设发展的各方面、各领域、各环节、各阶段，特别强调创新的引领作用，以创新的发展思路培育形成新的经济发展动能。强调协调的内在要求，统筹枢纽与通道、枢纽与产业、枢纽与国际国内贸易、枢纽与城镇空间布局、枢纽与生态环境以及枢纽内部各要素构件等协调发展。强调服务共享的本质要求，全面提升一体衔接、高效中转、要素组织等服务功能提升与拓展。

2.2.2 要求综合交通枢纽更好支撑和引领发展空间拓展

综合交通枢纽作为区域资源要素的汇集中心，是区域经济社会活动最为活跃和频繁的地区，在区域经济社会发展中能够产生显著的聚集、辐射和带动效应，是区域协同发展、国土空间布局优化、新型城镇化建设等的重要载体和核心引擎。当前及未来综合交通枢纽发展，要顺应"一带一路"、京津冀协同发展、长江经济带、主体功能区、新型城镇化以及脱贫攻坚等区域发展政策要求，更好地发挥对优化区域空间形态、拓展区域发展新空间的支撑引导和锚固作用。

1）充分发挥在国内空间拓展中的辐射带动作用

新时期国家区域发展总体战略，核心要义是进一步促进区域协调均衡发展，缩小东中西东北地区、沿海与内陆等发展差距，以新的思路和理念，探索培育区域经济增长特别是中西部内陆地区经济发展的新高地和新引擎，拓展区域发展新空间，形成新的发展动能。近年来，国家着力推进城市群建设，积极构建京津冀、长三角、珠三角等世界级城市群并推进中西部地区城市群发展，着力打造全球城市、国家中心城市以及区域中心城市等，强化区域服务功能，延伸面向腹地的产业和服务链，形成带动区域发展的增长节点，加快发展中小城市和特色镇，提升边境口岸城镇功能，充分体现了拓展区域发展空间的战略意志。

综合交通枢纽节点城市在城市体系中具有优越交通地理区位、便利交通运输条件，能够在综合交通网络节点上发挥客货流组织作用，通过运输通道的“廊道经济”效应以及枢纽城市自身的“枢纽经济”效应，更高效地促进人员、物资、资金、信息、技术以及先进理念等由枢纽城市向周边小城市、小城镇及农村等地的辐射和流动，对构建合理有序的城镇群空间结构形态，既发挥着重要的支撑和引导作用，也具有重要的衔接和纽带作用。

专栏2-1　我国国家中心城市建设进展情况

1. 国家中心城市

国家中心城市处于国家城镇体系最高位置的城镇层级，在全国具备引领、辐射、集散功能，体现在政治、经济、文化、对外交流等方面。2010年2月，住房和城乡建设部发布《全国城镇体系规划纲要（2010—2020年）》，提出建设北京、天津、上海、广州、重庆五大国家中心城市。2016年5月，经国务院同意，国家发展改革委和住建部联合印发《成渝城市群发展规划》，首次明确提出“成都要以建设国家中心城市为目标，增强成都西部地区重要的经济中心、科技中心、文创中心、对外交往中心和综合交通枢纽功能”。2016年12月，国家发展改革委印发《促进中部地区崛起“十三五”规划》，明确提出“支持武汉、郑州建设国家中心城市”。

2. 全球城市、世界城市

在国家中心城市建设基础上，北京、上海等部分中心城市提出建设全球城市和世界城市的战略目标。2005 年，经国务院同意的《北京城市总体规划（2004—2020 年）》，确定北京“三步走”发展目标，即“第三阶段，到 2050 年左右，建设成为经济、社会、生态全面协调可持续发展的城市，进入世界城市行列”。2016 年，经国务院同意，国家发展改革委和住建部联合印发《长江三角洲城市群发展规划》，明确提出“提升上海全球城市功能”。

2017 年 2 月，国务院印发《“十三五”现代综合交通运输体系发展规划》，精准对接新时期国家区域发展战略，紧紧围绕经济发展空间拓展和新旧动能转换要求，在明确构建横贯东西、纵贯南北、内畅外通的“十纵十横”综合运输大通道的基础上，结合全国城镇体系布局和中心城市建设，进一步优化完善综合交通枢纽空间布局，首次将综合交通枢纽划分为国际性、全国性、区域性、地区性以及重要口岸枢纽 5 个层次，并在全国范围明确提出 15 个国际性综合交通枢纽、68 个全国性综合交通枢纽功能布局。2014 年 9 月，国务院印发《长江经济带综合立体交通走廊规划》，明确提出着力推进上海国际航运中心、武汉长江中游航运中心、重庆长江上游航运中心和南京区域性航运物流中心建设，并在长江经济带范围确定建设南通、芜湖、九江、岳阳、宜昌、宜宾、泸州等一批区域性综合交通枢纽。

2）着力强化在对外经济联动中的战略支点功能

当前，我国正以“一带一路”建设为统领，着力构建全方位开放新格局，全面推进双向开放，促进国内国际要素有序流动、资源高效配置、市场深度融合，加快培育国际竞争新优势。这就要求围绕推动陆上、海上、天上、网上四位一体的联通，聚焦关键通道、关键城市、关键项目，联结陆上公路、铁路道路网络和海上港口网络、空中航运网络建设，加强综合交通枢纽国际化联动发展的功能与作用。

一方面要强化境内重要枢纽节点的对外开放能力和水平。按照完善对外开放区域布局要求，加强内陆沿边地区口岸和基础设施建设，开辟跨境多式联运交通走廊，打造一批战略性互联互通示范项目。重点深化沿海地区全面参与全球经济合作和竞争，发挥环渤海、长三角、珠三角地区的对外开放门户作用，以内陆中心城市和城市群为依托，建设内陆开放战略支撑带。积极建成上海国际航运中心，加快建设天津北方、大连东北亚、厦门东南国际航运中心，全面打造国际枢纽机场，建设京津冀、长三角、珠三角世界级机场群，加快建设哈尔滨、深圳、昆明、成都、重庆、西安、乌鲁木齐等国际航空枢纽。

专栏 2-2 我国自由贸易试验区政策及进展

自由贸易试验区（Free trade zone，简称 FTZ）是指在主权国家或地区的关境以外，划出特定的区域，在贸易和投资等方面实施比世界贸易组织有关规定更加优惠的贸易安排，准许外国商品豁免关税自由进出。狭义范畴指对区内加工出口所需原料等货物实施进口豁免关税的区域，类似于出口加工区，广义范畴还包括自由港和转口贸易区。近年来，我国在自由贸易试验区政策与实践方面积极探索，截至 2017 年 3 月，已批复 11 个自由贸易试验区。

2013 年 9 月 27 日，国务院批复成立中国（上海）自由贸易试验区，要求“以简政放权、放管结合的制度创新为核心，加快政府职能转变，探索体制机制创新，在建立以负面清单管理为核心的外商投资管理制度、以贸易便利化为重点的贸易监管制度、以资本项目可兑换和金融服务业开放为目标的金融创新制度、以政府职能转变为核心的事中事后监管制度等方面，形成一批可复制、可推广的改革创新成果”。

2015 年 4 月 20 日，国务院决定扩展中国（上海）自由贸易试验区实施范围。2015 年 4 月 20 日，国务院批复成立中国（广东）、中国（天津）、中国（福建）3 个自由贸易试验区。

2017 年 3 月 31 日，国务院批复成立中国（辽宁）、中国（浙江）、中国（河南）、中国（湖北）、中国（重庆）、中国（四川）、中国（陕西）7 个自由贸易试验区。

另一方面，围绕以“一带一路”建设为统领的全方位开放格局构建，强化境外枢纽布局及其战略支撑能力。近年来，我国围绕“一带一路”建设，秉持和平合作、开放包容、互学互鉴、互利共赢的丝绸之路精神，坚持共商、共建、共享原则，在推进境外枢纽建设布局方面取得一定成绩，中白工业园、泰中罗勇工业园、埃及苏伊士经贸合作区等境外园区建设成效显著，比雷埃夫斯港、汉班托塔港、瓜达尔港等标志性项目建设取得进展。

截至 2016 年年底，中国企业已在“一带一路”沿线 20 个国家推进建设了 56 个经贸合作区。未来，随着“一带一路”建设推进，以及全方位对外开放格局构建，要求进一步加强境外综合交通枢纽战略支点的布局，深度融入全球产业链、价值链、物流链。这一枢纽支点战略布局，既包括“一带一路”传统沿线沿路的亚欧非等国家，也包括北美洲、拉丁美洲、大洋洲等地区；既包括沿海港口，也包括内陆站场、机场以及物流园区、产业园区等。重点参与沿线重要港口建设与经营，推动共建临港产业集聚区，建设一批大宗商品境外生产基地及合作园区，依托公铁水及航空多式联运，强化国际物流大通道建设。

2.2.3 要求综合交通枢纽全面提高现代服务供给质量效益

深入推进供给侧结构性改革是“十三五”时期及未来更长远时期我国经济社会发展的主线，其核心是通过扩大有效供给，满足有效需求，全面提高发展质量和效益。这一要求涵盖经济社会发展的各个领域。交通运输是国民经济重要的基础性、先导性、战略性产业和服务性行业。构建现代综合交通运输体系，是适应把握引领经济发展新常态，推进供给侧结构性改革，支撑全面建成小康社会的客观要求。经历了“十二五”之前多个五年的大力发展，我国交通运输取得了显著成绩，综合交通运输体系不断完善，较好地完成了规划目标任务，总体适应了经济社会发展的要求。“十三五”时期，我国交通运输发展面临新的发展环境和要求，步入支撑全面建成小康社会的攻坚期、优化网络布局的关键期、提质增效升级的转型期，进入现代化建设新阶段。站在新的发展起点，我国交通运输必须准确把握经济新常态下的新形势、新要求，切实转变发展思路、方式和路径，这就要求作为综合交通运输体系重要组成部分的综合交通枢纽，应该着力在优化结构、转换动能、补齐短板、提升整体质量和效益上取得明显成效，开创发展新格局。在加快发展各种交通方式的同时，需要更加强化方式间的衔接与协作，更加注重提升综合交通枢纽发展的现代化水平，使之成为资源要素高效流转的载体、设施网络与一体服务衔接的纽带。

2.2.4 要求综合交通枢纽发挥融合新经济新业态平台功能

随着新一代信息、人工智能等技术不断突破和广泛应用，当前经济社会生产、生活、流转、消费、交易等方式也在深刻变化，新技术、新业态、新模式等快速涌现并加速更迭，一二三产业融合联动、制造业服务化、服务网络化智慧化平台化趋势明显。以新技术、新业态、新模式为核心的新经济，特别是服务经济正在引发新一轮产业变革和消费革命，产业边界日渐模糊，融合发展态势更加明显。作为客流、货流以及信息流、资金流高度汇聚集散中心的综合交通枢纽，在个性化、体验式、互动式等服务新型生产、消费、流转模式中的作用更加凸显。要求跳出传统发展逻辑，围绕服务经济创新和现代服务中心建设，在保障交通功能的前提下，有序拓展综合交通枢纽的城市服务和产业服务功能，促进交通功能与商业功能融合互动，加强地上地下空间综合开发利用，鼓励建设以枢纽为核心的现代城市综合体。同时充分利用互联网、大数据等现代信息技术，实现信息互联互通和共享共用，打造智慧枢纽。倡导绿色规划、设计，推行节地节能模式，促进紧凑建设、集约发展，实现资源高效配置、综合利用和节能减排。其中重点是以新一代移动互联为媒介，将综合交通枢纽打造为汇集各类客流、货流、商流、资金流、信息流的城市智慧中枢和服务平台，打造宜居、宜业、宜行、宜娱的生产生活、创新创业新空间。

专栏2-3　我国现代服务中心建设布局设想

按照《服务经济创新大纲》，未来我国将“充分发挥城市资源要素密集和市场需求集中的优势，完善服务功能，打造不同层级的服务经济中心，增强辐射带动能力，促进服务经济发展与新型工业化、城镇化良性互动”。重点“增强北京、上海和广州—深圳国际服务枢纽和文化交流门户功能，促进高端服务业和高附加值服务环节集聚，提高在全球创新链、价值链、产业链、供应链中的地位和控制力”。并明确“加快国家级服务经济中心建设，提升区域服务经济中心辐射带动能力，增强中小城市和小城镇服务功能”。其中四大具有全球影响力的现代服务经济中心功能定位如下：

> 北京，重点发展科技、教育、文化、信息、商务等高端服务，建设具有全球影响力的科技创新中心和知识密集型服务枢纽城市。
>
> 上海，加快建成国际经济、金融、贸易、航运中心和国际信息枢纽，大力发展知识经济，建设具有全球影响力的科技创新中心。
>
> 广州，加快建成国际航运、航空、科技创新枢纽和商贸中心。
>
> 深圳，加快建设区域性金融中心，国际信息港和科技、产业创新中心。

2.3 枢纽对接新时期国家战略与政策的总体路径

为精准对接新时期国家战略与政策，更好发挥综合交通枢纽在经济社会转型发展以及经济发展空间拓展等方面的支撑引导作用，需要着眼枢纽区域、枢纽城市、枢纽站场等多个维度，重点围绕节点城市和枢纽站场，强化规划、政策指导。

2.3.1 规划先行，完善综合交通枢纽规划体系

规划先行，是现代经济社会发展的一般要求，是科学布局综合交通枢纽的必要前提，也是充分发挥综合交通枢纽在新的国家战略中支撑和引导作用的重要基础。目前，我国综合交通枢纽规划体系尚不完善，规划实践指导效果不佳。

首先，关于综合交通枢纽的认识尚不统一，综合交通枢纽规划的层次及内容重点尚不明确，枢纽区域、枢纽节点城市与枢纽站场之间的内生逻辑关联没有完全厘清。

其次，就综合交通枢纽站场而言，其布局与发展规划更多的是停留在自身交通功能层面，缺乏立足于区域以及城镇整体经济、产业、空间、社会、文化等功能的综合性考虑，土地等资源集约利用和综合开发不足，整体运行效率效益水平偏低。再次，就交通层级规划而言，更多的是各方式枢纽站场独立规划，缺乏综合交通运输层级的统筹考虑，方式间、站场间、站场与城市内外集疏运系统之间、设施与组织之间等缺乏有效衔接配套，影响着枢纽

站场的整体功能与作用。

2013 年 3 月，国家发展改革委出台《促进综合交通枢纽发展的指导意见》，明确综合交通枢纽规划定位与任务，指出“要制定枢纽规划，对于综合交通运输体系中的节点城市，其综合交通枢纽规划由所在城市人民政府组织编制，纳入城市总体规划进行审批（或修改城市总体规划时进行审批），用于指导城市交通枢纽设施的空间布局和建设”，并提出“在规划工作中，应统筹各种运输方式之间、城市交通与对外交通之间、客运与货运之间以及既有设施与新建枢纽之间的关系，衔接相关规划，注重规划的全局性、前瞻性和可操作性”。

2016 年 6 月，国家发展改革委印发《关于打造现代综合客运枢纽提高旅客出行质量效率的实施意见》，进一步明确“加强规划引导作用”，强调“推动多规衔接。完善综合交通枢纽规划体系，明确各层级、各类别枢纽规划的定位、功能、内容与责任主体等。加强综合交通枢纽规划与经济社会发展规划、土地利用总体规划以及综合交通运输体系规划等的衔接，做好与城市轨道交通规划、铁路枢纽总图规划、民用机场总体布局规划、城际铁路规划、港口总体规划等其他专项规划在编制、审核、调整过程中的全面对接”。要求“严格规划审核。在国际性、全国性综合交通枢纽城市，应同步编制综合客运枢纽与周边区域一体联动开发的详细规划，或在综合交通枢纽规划中编制综合开发专项篇章。我委和相关部门在审批城市轨道交通建设规划、城际铁路规划时，将按照综合客运枢纽建设要求和相关标准，加强对综合衔接、换乘方案的论证和审核”。

为进一步落实国家相关政策，充分发挥综合交通枢纽的积极作用，当务之急是尽快建立完善综合交通枢纽规划指导体系，明确不同层级规划的内容侧重。建议结合我国实际，将综合交通枢纽规划体系划分为 5 个层次，即综合交通枢纽节点布局规划、综合交通枢纽战略规划、综合交通枢纽总体规划、综合交通枢纽控制性详细规划、综合交通枢纽修建性详细规划。其中，综合交通枢纽节点布局规划、综合交通枢纽战略规划以枢纽城市为规划对象；综合交通枢纽总体规划、综合交通枢纽控制性详细规划、综合交通枢纽修建性详细规划以枢纽站场为规划对象。此外，顺应枢纽与区域联动发展趋势，对超大、特大以及大城市的重要大型枢纽站点，应编制综合交通枢纽区域开发专项规划或相应篇章。具体各层次规划的定位与要求等将在后面章节进行具体论述，这里不再赘述。

2.3.2 分类推进，提升综合交通枢纽城市水平

综合交通枢纽节点城市可以分为国际性、全国性、区域性、地区性以及重要口岸等多个层次，还涵盖境外重要枢纽节点。不同层次的枢纽城市，在区域经济社会发展中的带动辐射作用不同，对于新区域战略、新发展战略等支撑与引导各不相同。

从目前我国枢纽城市的发展情况来看，对全国性综合交通枢纽城市的关注相对更多，而对国际性综合交通枢纽、区域性综合交通枢纽、地区性综合交通枢纽整体关注相对较少，同时，对境外枢纽节点布局发展认识也不充分。2007 年国务院同意的《综合交通网中长期发展规划》首次确定 42 个全国性综合交通枢纽城市，其涵盖了现有和规划发展的所有重要枢纽港口、枢纽机场，铁路及公路主枢纽，并在其中选择了 8 个城市，即北京、上海、广州、深圳、大连、武汉、西安和成都，进行综合交通枢纽衔接试点。2012 年国务院颁布的《“十二五”综合交通运输体系规划》，进一步明确“十二五”时期综合交通枢纽城市的发展目标，希望到 2015 年基本建成 42 个全国性综合交通枢纽城市。但从发展情况来看，实际效果并不明显。2017 年《“十三五”现代综合交通运输体系发展规划》首次提出分类建设国际性综合交通枢纽，但实际操作性指导尚不明确，具体国际性枢纽功能要求和发展路径还不明晰，仍需探索。

未来，顺应“一带一路”、京津冀协同发展、长江经济带以及新型城镇化、扶贫攻坚等政策要求，按照国家综合交通运输体系发展战略目标，分类分层地推进综合交通枢纽城市的建设发展，着力提升综合交通枢纽城市自身发展能级和集聚能力，充分发挥不同层级综合交通枢纽城市对周边城镇的辐射带动作用。首先，加快推动试点城市的先行先试，率先起步，探索实践，总结经验，全面推广。目前，北京、上海、广州、武汉、大连、西安等 8 个试点城市已迈出实践步伐。2016 年，国家发展改革委先后与广州武汉等 7 个城市签订委地共建协议，进一步深化合作方式与内容，这些经验需要进一步总结积累。其次，加强其他综合交通枢纽城市的建设发展，从整体上提升国际性、全国性综合交通枢纽城市的发展能级与辐射水平，而这其中，又应重点加强中西部地区全国性综合交通枢纽城市的发展，着力提升其在中西部地

区经济社会发展、区域开发、城镇化发展中的带动和引领作用。再次，着眼"一带一路"建设和全方位对外开放新格局建设，顺应全球化发展趋势和现实基础，结合全球城市、世界城市以及国家中心城市发展要求，重点推动国际性综合交通枢纽以及部分口岸枢纽建设，全面提升其国际影响力和竞争力，成为全球性资源要素的配置与控制中心。同时，需要进一步强化境外枢纽节点的布局建设，这一问题需要从战略的高度，全面、系统、前瞻地谋划，具体操作可以根据实际有序推进，切忌盲目发展。此外，加快区域性和地区性综合交通枢纽建设发展，目前这两类综合交通枢纽城市发展相对薄弱，部分地区对于辖区内区域性、地区性枢纽城市的划分确定工作尚未完成。因此，必须加强前期分类研究工作，科学确定不同层级的枢纽城市，明确各自的功能定位及发展要求，加快推进其建设发展。

专栏2-4　我国综合交通枢纽试点和示范城市

1.《综合交通网中长期发展规划》确定8个试点城市。分别是：北京、上海、广州、深圳、大连、武汉、西安和成都。

2.《关于打造现代综合客运枢纽提高旅客出行质量效率的实施意见》确定的委地共建枢纽示范城市，第一批分别是广州、武汉、重庆、乌鲁木齐、昆明、郑州、成都，第二批包括杭州、西安、银川等。

2.3.3　转变理念，拓展综合交通枢纽站场功能

就综合交通枢纽站场而言，从国际社会发展的总体情况来看，无论是综合客运枢纽还是综合货运枢纽，广义范畴的综合化发展已成为大势所趋，即综合交通枢纽站场已由传统的集多种运输方式为一体的交通综合体向兼顾城市经济、社会、文化等功能的城市综合体以及兼顾制造、加工、服务等产业功能的产业综合体转型升级。在这一过程中，综合交通枢纽站场在城市中的功能定位，也已由传统的顺应和满足经济社会发展需要，为经济社会发展提供支撑，转变为通过综合交通枢纽站场以及城市和产业综合体的布局建设，引导经济社会发展以及城镇、产业空间形态构建。

当前，我国正处于新型城镇化发展以及国土空间格局深化调整的重要时期，截至2016年年底，我国城镇化率为57.35%，近20年来以每年1个百分点的速度快速递增。据相关预测，未来10年我国城镇化率将有望再提高10～15个百分点。同时，2015年中央城市工作会议进一步明确未来城市发展总体导向，要求城市发展把握好生产空间、生活空间、生态空间的内在联系，实现生产空间集约高效、生活空间宜居适度、生态空间山清水秀。新型城镇化深入推进，城市紧凑精明增长，必然对城镇地域规模的有序扩张、城镇空间及产业的合理布局、城镇基础设施的建设发展、土地等资源的综合开发和集约高效利用等提出更高、更严格要求，也为依托综合交通枢纽站场打造具有显著“集约、系统、高效”优势的城市综合体、产业综合体提供了良好的发展机遇。

事实上，目前我国很多地区已经或正在借力高铁、民航、水运等快速发展之机，围绕高铁车站、机场、港口等建设城镇新区，打造集多种功能为一体的城市综合体和产业综合体。比如，武广高铁沿线围绕高铁车站打造的株洲武广新城、韶关芙蓉新城，郑州市依托新郑机场打造的航空港经济区等。从目前我国新建高铁车站在城镇中的总体布局来看，也明显反映出利用高铁车站带动新区发展的战略意图，比如，武广高铁沿线城市高铁车站距市中心区平均距离约10km，京沪高铁沿线城市高铁车站距市中心平均距离约15km，沪杭客专沿线城市高铁车站距市中心平均距离约13km。

应该正视枢纽站场转型升级的客观趋势，放眼长远，系统谋划，特别是对于新布局的枢纽站场，要综合考虑城市空间发展、产业布局、人口聚集、消费习惯等，依托综合交通枢纽站场，打造集交通、商贸、餐饮、会展等为一体的城市综合体和集交通、生产、加工、服务等为一体的产业综合体，通过建筑体布局的综合、功能的综合、衔接的综合，实现极化效应，更好地解决新型城镇化发展过程中的集约、效率和能级问题。

但需要注意的是，不是所有城市、所有的枢纽站场都具备打造成为城市综合体或者产业综合体的条件，必须根据客观实际，科学规划。规划时可以放眼长远，但实施时要把握节奏、稳步推进、适度超前。此外，还需要注意，所谓城市综合体、产业综合体，也并非是建设集多种功能为一体的超大规模的单体建筑体，而是打造一个以枢纽站场为中心，由多个不同功能建筑体共同构成的枢纽区域，各个建筑体之间通过有效的物理衔接与交通组织，实现资源要素的高效、便捷流动。而且，枢纽区域范围也并非越大越好。这些问题都需要深入探讨。

2.3.4 因地制宜，优化综合交通枢纽站场布局

不同地区由于其空间形态、产业布局、交通条件等不同，其综合交通枢纽站场建设布局模式也不尽相同。在新的区域空间拓展中，应按照以下四大原则，因地制宜地推进综合交通枢纽站场的建设布局。

一是分散与集中相结合。根据城镇形态、产业关联、自然禀赋等，特别是城市空间格局，科学选择枢纽站场的布局模式，宜集中则集中、宜分散则分散，不能盲目地一概而论，既不能全部聚集在城市中心或某个区域，也不能全部分散在城市外围，而且客货枢纽站场也应区别对待。对于大城市而言，总体上可以参照“客内货外”理念，结合实际整体布局。

二是既有与新建相结合。统筹既有枢纽站场与新建枢纽站场发展，明确各自分工定位，加强彼此之间的衔接合作。充分发挥既有枢纽的地缘优势，特别是充分考虑很多老枢纽位于城市中心地区的实际情况，根据功能分工和未来需求，按照综合体的集约理念，适时改造既有枢纽，而不是一味搬迁弃用既有枢纽。同时，要积极发挥新建枢纽站场对区域空间格局的引导和锚固作用。

三是布局与衔接相结合。不能单靠枢纽站场的布局调整优化，彻底解决城镇内外交通的协调发展问题，而应注重枢纽站场的布局优化与集疏运通道衔接优化相结合，强化不同方式之间、枢纽站场之间、站场与集疏运通道之间、组织与管理之间等的有机衔接，强化交通枢纽与信息枢纽功能对接，充分依托互联网、大数据等信息技术手段，真正实现“一体化”运输服务。

四是单体与集群相结合。即统筹枢纽单体与枢纽集群协调发展。鼓励建设以综合交通枢纽为中心的城市综合体或产业综合体，并不意味着一味追求规模庞大的单体建筑体，而应根据实际需要，发展城市综合体和产业综合体，合理控制综合体的规模，避免因资源要素过度聚集而造成规模不经济问题。同时，发挥适宜空间范围内多个单方式、中小规模枢纽站场集群的作用，通过集疏运通道配套，实现不同枢纽站场之间的高效衔接，有效支撑、引导和拓展区域发展空间。

3 客运枢纽与区域综合开发

客运枢纽，特别是火车站、机场等大型对外客运枢纽作为城市内外客流集散中心和要素汇集中心，对城市经济社会发展和空间结构布局具有重要影响。以往城市更加注重围绕地铁、轻轨等城市轨道交通站点周边实施一体化协同开发，但随着城市规模扩大、土地资源紧张以及客运枢纽功能拓展，围绕大型客运枢纽等客流、商流高密度聚合点，进行商业及土地等综合开发已成为国内外发展的主流趋势。客运枢纽综合开发可以分为以多种经营为主的商业开发和以地产开发为主的区域开发，两类开发之间是衍生递进、互联互动的关系。推进客运枢纽的综合开发，对于弥补枢纽大规模投资和运营维护成本，集约利用土地、优化城市空间格局，形成聚集效应、提升城市活力等具有重要作用。本章以大型对外客运枢纽为研究对象，归纳总结客运枢纽综合开发的类别、作用、逻辑、类别和模式，分析目前我国客运枢纽综合开发的总体情况和存在的主要问题。

3.1 客运枢纽综合开发的类别划分

客运枢纽综合开发，是指以客运枢纽为依托，按照现代城市功能要求和空间安排，对其内部地上、地下空间以及周边一定范围内土地及地上、地下空间进行系统的商业性、公益性配套开发建设，形成集交通、商贸、酒店、公寓、办公、会展等为一体的多功能、高效率“综合体”，各部分间形成一种高效便捷、相互依存、相互促进的能动关系。围绕大型客运枢纽实施综合开发是目前国际社会的普遍做法。总体而言，大型对外客运枢纽综合开发主要包括两类：一类是以多种经营为主的枢纽内部及周边较小区域的商业开发；另一类是围绕客运枢纽以地产开发为主的区域性地上地下整体开发。客运枢纽综合开发主要类别具体如图 3-1 所示。

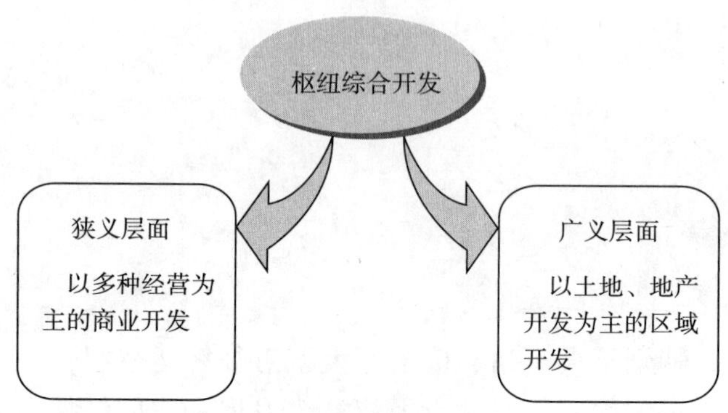

图 3-1　客运枢纽综合开发主要类别

3.1.1　“小开发”——以多种经营为核心的商业开发

以多种经营为主的枢纽内部及周边的商业开发是城市对外客运枢纽常见的综合开发类型，也称之为“小开发”或“狭义”的综合开发。我国传统的火车站、公路客运站、机场内部及其附近的商业、餐饮和其他关联服务等大都属于此类商业开发。

从我国目前情况来看，围绕老火车站、老公路客运站等的以多种经营为核心的“小开发”，大都还属于低端层次的商业开发，成功案例不多，很多反而由于综合开发造成“脏、乱、差”等问题。新建的高铁车站、公路客运站以及机场等“小开发”整体效果较好，其品质、档次、服务等不断提升。

3.1.2　“大开发”——以地产开发为核心的区域开发

依托大型枢纽建设，以地产开发为主进行区域性综合开发和空间布局，是当前客运枢纽综合开发的重点，该类综合开发在关注客运枢纽交通功能以及枢纽自身商业开发经营的同时，更加看重客运枢纽的要素集聚作用对城市特别是新城空间及产业布局的影响，这种开发模式被视为“大开发”或“广义”的综合开发。

按照舒茨（1998）和波尔（2002）等提出的枢纽综合开发“三圈层”结构理论，大型对外客运枢纽（主要是火车站）周边可以分为三个圈层，开发区域总面积一般在 30km^2 左右，具体如图 3-2 所示。

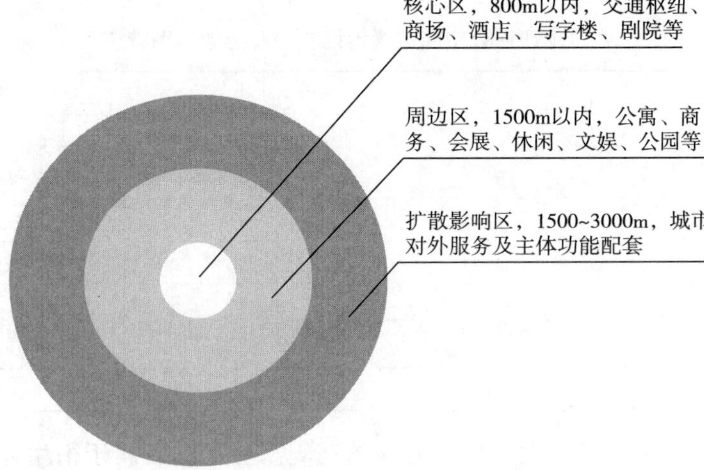

图 3-2 对外客运枢纽综合开发利用圈层

第一圈层（Primary development zones），即枢纽核心区，服务半径在800m以内，主要布局交通枢纽、商场、酒店、写字楼、剧院等设施。

第二圈层（Secondary development zones），即枢纽周边区，服务半径约1500m，主要安排公寓、商务、会展、休闲、文娱、公园等设施。

第三圈层（Tertiary development zones），即扩散影响区，半径 1500 ~ 3000m 区域，主要是城市对外服务以及主体功能配套的功能区。

目前，我国客运枢纽地区主要是高铁站地区的综合开发规划设计，基本上都借鉴这一标准。

专栏 3-1 上海虹桥综合交通枢纽商务区综合开发面积

上海虹桥商务区总占地 $86km^2$，东起 S20 外环线，西至 G15 沈海高速，北起 G2 京沪高速，南至 G50 沪渝高速，涉及闵行、长宁、青浦、嘉定四个区。

其中，主功能区 $27km^2$，东起 S20 外环线，西至现状铁路外环线；北起北翟路，南至 G50 沪渝高速。主功能区的布局为“一环两轴三核五区”。近期开发的核心区面积 $4.7km^2$。

客运枢纽所处空间位置地区交通及土地利用特点如表 3-1 所示。

客运枢纽所处空间位置地区交通及土地利用特点 表 3-1

项　目	核心区	周边区	扩散影响区
土地类型	商场、酒店、写字楼、剧院	公寓、商务、会展、休闲、文娱、公园	城市对外服务及主体功能配套
开发强度	极强	强	较强
吸引强度	极强	强	较强
主要交通方式	城市交通、非机动车	对外交通、城市交通、非机动车	对外交通、城市交通
非集散交通比例	高	中	高

从“小开发”与“大开发”之间的逻辑来看，二者属于衍生递进、互联互动的关系，即随着客运枢纽交通功能向城市功能（包括餐饮、住宿、办公、商务、娱乐等）的拓展，围绕客运枢纽的综合开发的理念和内容也进一步延伸。可以说“大开发”是在“小开发”的基础上逐步拓展而来的，而客运枢纽的“大开发”又反过来进一步促进客运枢纽的“小开发”，推动客运枢纽与周边地区的互联互动，周边地区开发与枢纽内部商业开发协同发展。客运枢纽“小开发”与“大开发”之间的演进关系如图 3-3 所示。

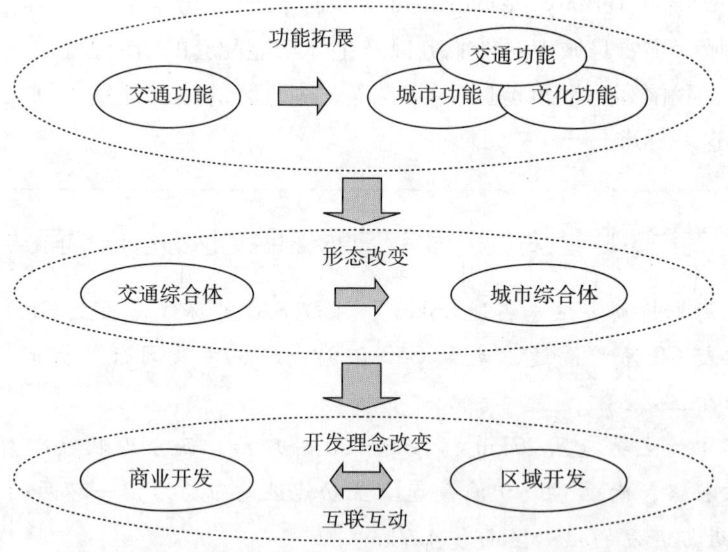

图 3-3　客运枢纽“小开发”与“大开发”之间的演进关系

3.2 客运枢纽综合开发的主要理论

3.2.1 外部性理论

该理论认为客运枢纽属于准公共产品，其建设发展具有极强的正外部性。客运枢纽能给乘客带来便利的可达性以及费用和时间上的节约，也能给枢纽经营者带来相应的营业收入，还能给经营者、乘客以外的第三者带来其他相关利益，例如，通过综合开发促进沿线一定范围内住宅、商业的开发及企业的集聚，间接地提高周边土地不动产的价值，带来土地及房屋价格的上涨。

客运枢纽周边的土地所有者、房地产商等是客运枢纽建设发展收益的主要第三方，其往往不需要付出什么代价便可享受客运枢纽综合开发带来的正向收益。枢纽运营企业则往往会因负担高额的建设费用与运营维护成本而导致亏损。

土地所有者、开发商与客运枢纽运营企业之间存在着明显的负担不平衡，有必要通过某种方式把客运枢纽建设开发产生的利益的一部分作为客运枢纽建设费用与运营成本予以还原，以减轻客运枢纽运营企业的建设经营负担，实现客运枢纽发展的良性循环。综合开发是其中的一个有效方式。客运枢纽综合开发涉及的主要主体如图 3-4 所示。

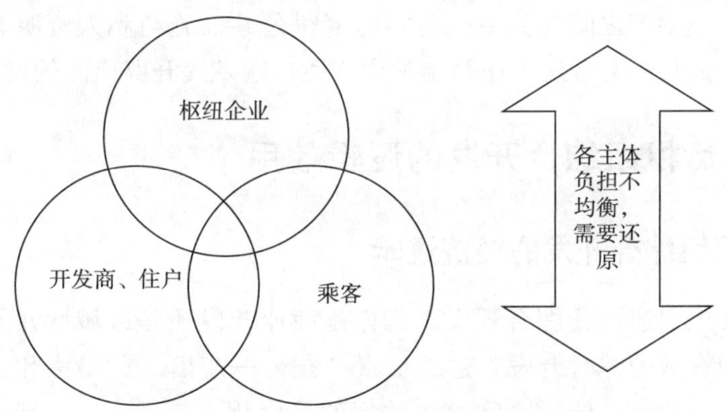

图 3-4 客运枢纽综合开发涉及的主要主体

3.2.2 公共交通导向开发（TOD）理论

新城市主义代表人物彼得·卡尔索尔普于 1903 年提出了公共交通导向开

发（Transit oriented development，TOD）理论，强调在区域空间层面整合公共交通和土地利用的关系，使二者相辅相成。

公共交通导向开发是围绕地铁、轻轨、快速公交线路站点以及大型对外客运枢纽等周围进行的土地开发。它基于公共交通引导的土地利用开发，以促进城市空间的合理有序拓展，最终形成布局紧凑、功能复合、具有人性化的城市形态。这一理论为城市提供了一种新型土地开发模式。

3.2.3 空间开发理论

该理论认为，枢纽所在地区是城市新型功能混合区，在新的交通换乘方式与空间组织理念下，枢纽周围环境优良，城市公共活动功能和便捷的交通集散方式相辅相成、和谐发展。

火车站、汽车站、机场等重要客运枢纽及其周边地区不再是单一的交通要素集散空间，而是整合交通服务、商业、商务、文娱、会展、信息服务的城市综合功能混合区，也是一种新型的经济社会文化交流地。

3.2.4 联合开发理论

联合开发是客运枢纽与周边用地协调发展的一种形式，由美国城市土地协会提出，按照该协会的观点，联合开发能较好地处理客运枢纽公共服务设施与土地、不动产之间的关系，是客运枢纽公共设施与私人资源有机结合的有效方式，而且能为客运枢纽乃至整个交通运输发展开辟广泛的财源。

3.3 客运枢纽综合开发的逻辑效用

3.3.1 枢纽综合开发的经济逻辑

围绕客运枢纽进行综合开发，无论是商业开发还是区域性开发，其本质是通过积极有效的综合开发，达到要素“投入—产出”的最大化、土地和空间利用的集约化、功能融合和整体效率的最优化。实现这一目标的关键，是通过综合开发促使土地增值并增加其他收益，包括票务、广告、商业、其他收益等，通过有效的协调机制保证相应的增值收益能够有效转回到客运枢纽的建设和运营中，形成良性循环，如图 3-5 所示。

客运枢纽周边土地的价值提升，包括土地的固有价值提升，固有土地会随

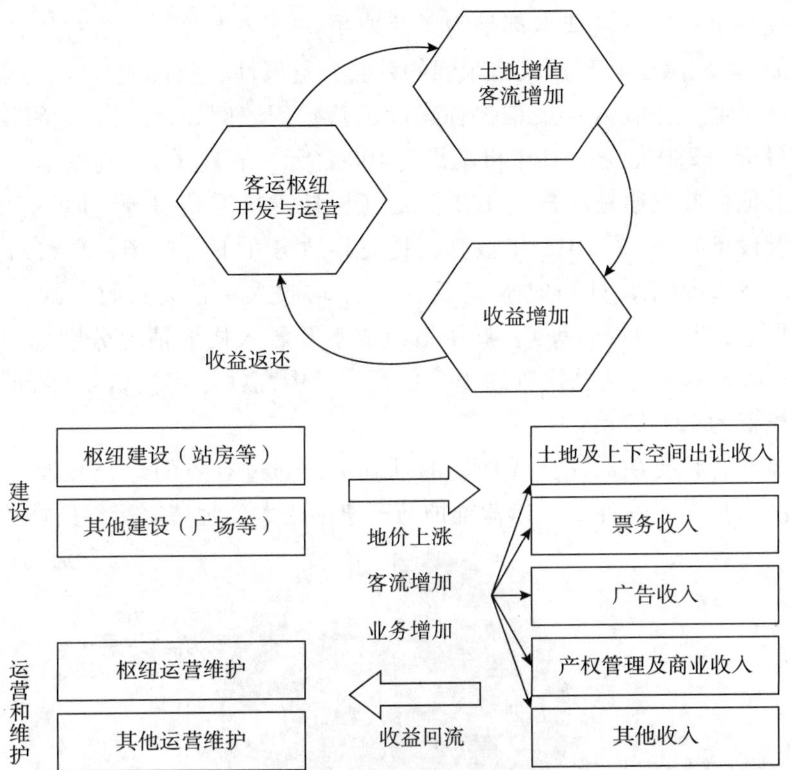

图 3-5　客运枢纽综合开发的基本逻辑

着开发主体一级、二级开发带来价值提升，还包括基础设施公共投资和土地使用变化引起的土地价值上升以及人口增加和经济发展引起的土地价值上升等。

从国际社会来看，其土地价值及其增值部分的归属和流转相对规范。一般而言，土地固有价值属于土地所有者；通过土地流转之后，如通过购买获得产权之后，土地一级开发后的增值部分归土地所有者；在土地上进行客运枢纽建设并围绕枢纽进行综合开发，收益由土地所有者和开发商根据协议共同所有，其中公共基础设施部分返回至公共服务的供给者，以覆盖公共设施及公共服务成本，另外一些由于综合开发带来人口增加和土地进一步升值，在很多国家是由地方政府代表公众持有，用以提供更好的公共服务。

3.3.2　枢纽综合开发的功能作用

1）获取经济收益，弥补建设运营成本

获取收益，是客运枢纽综合开发的重要目的，特别是以多种经营为主的商业开发最早的出发点基本都是为了获取更多经济收益。大型对外客运枢纽（火车站、大型汽车站等）具有很强的社会公益属性，建设成本高，运营费用大，单靠交通业务收入，很难弥补建设运营费用。例如，上海虹桥综合交通枢纽总投资为280亿元，其中机场投资100亿元（含跑道）、高铁车站投资60亿元、其他公共交通站房投资120亿元（包括磁悬浮站房等，但不含地铁轨道设施及设备）。根据2011年核算，其公共站房（不含机场、高铁站）年均运营成本约2亿元，日均成本55万元，年均收入1亿元，收支缺口1亿元（不包括财务成本和折旧等）。虹桥枢纽成本及收入构成情况分别如图3-6和图3-7所示。南京南站总投资约140亿元，其中高铁站房投资41亿元。杭州东站总投资约121亿元。

因此，有必要在保证交通功能的基础上，通过有效的综合开发，获取一定的经济收益，来弥补日常运营维护乃至建设成本，维持客运枢纽持续运营。

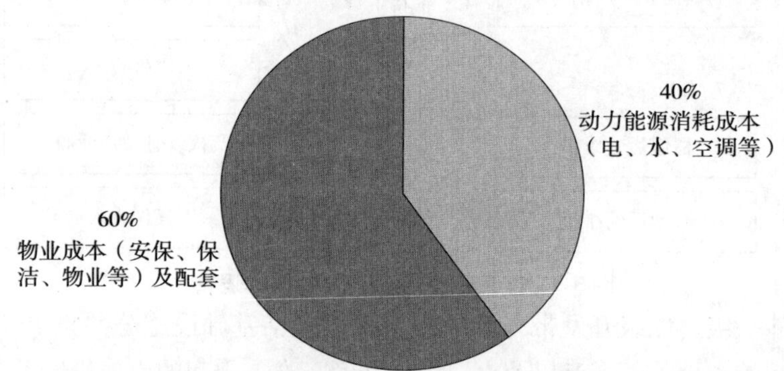

图3-6　2011年上海虹桥综合交通枢纽公共站房成本构成（不含财务成本等）

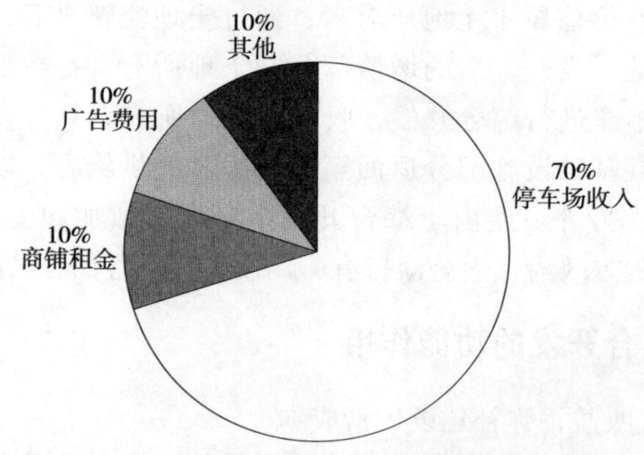

图3-7　2011年上海虹桥综合交通枢纽综合交通枢纽公共站房收入构成

2）集约利用土地，优化城市空间布局

整合土地资源，实现集约利用，优化城市空间布局，是围绕客运枢纽进行综合开发的一个重要目的。随着城市人口规模的不断扩大以及城市空间的不断拓展，土地等资源日益稀缺，特别是对于特大城市和大城市而言，土地资源更为宝贵。在这种背景下，许多发达国家及发展中国家，按照土地与交通、枢纽等一体化发展的理念，根据城市整体空间布局和产业要求，对很多客运枢纽进行系统化、立体式的改造与综合开发。这样的综合开发，开发时段集中，整体筹划，开发强度高，开发功能全，有利于集约利用土地等资源，也利于紧凑型城市的构建。

国外很多城市十分关注围绕中心区既有客运枢纽，如老火车站等，实施区域性综合开发，这对于优化城市空间、集约利用土地、实现功能融合等具有重要作用。图 3-8 反映了国外某既有客运枢纽综合开发前后的土地和空间结构优化情况。

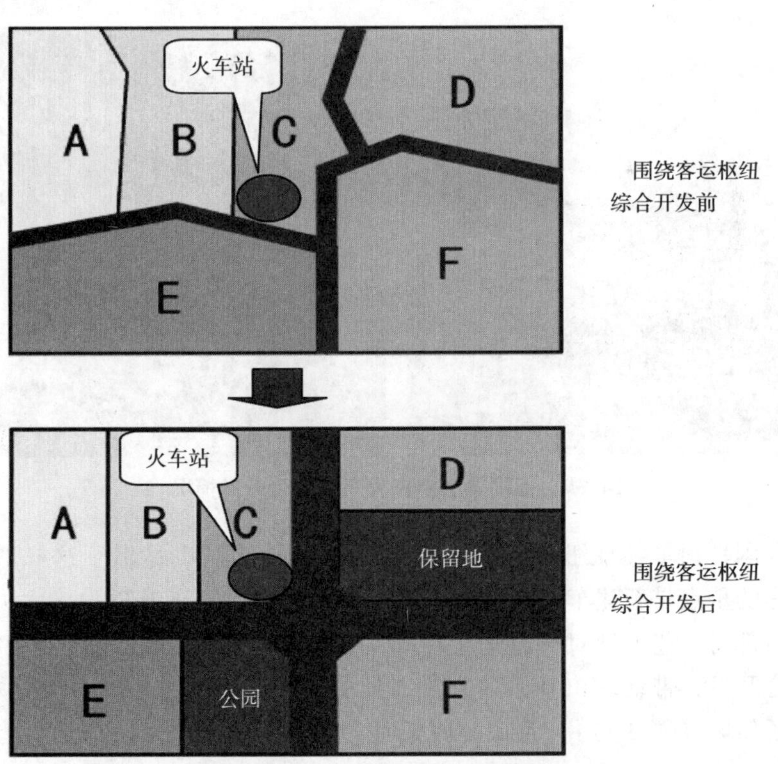

图 3-8 围绕客运枢纽进行综合开发前后空间结构优化情况

3）形成聚集效应，提升城市发展活力

客运枢纽地区往往是城市土地利用的“峰值”地区，也是城市新活力中心形成的助推器，具有交通综合、功能复合、城市节点、生活中心四大特点。国外很多城市都通过客运枢纽的综合开发，将交通、城市等多种功能集合在一起，在客运枢纽自身大规模、高密度换乘客流的基础上进一步吸引更多客流，进而形成聚集效益和场所效应，以提升城市发展活力。

以此为目的的综合开发在国际社会非常普遍，日本、欧洲等很多国家和地区都在积极推进围绕重要对外客运枢纽的综合开发，尤其重视对于位于城市中心的既有客运枢纽（老火车站等）的综合开发，利用既有枢纽高密度的客流资源、优越的交通区域条件、完善的周边配套设施等，将既有客运枢纽打造为集交通、商业、商贸、餐饮、文娱等为一体的城市综合体，以更好聚集和吸引周边区域客流，提升城市的发展活力。德国柏林中央火车站综合开发情况如图 3-9 所示。西班牙马德里保罗王子火车站（老火车站）综合开发情况如图 3-10 所示。

图 3-9　德国柏林中央火车站综合开发情况

在我国，很多“枢纽新区”“枢纽新城”的建设也是出于这样的考虑，只是考虑的重点是新建车站。随着城镇化快速发展和交通基础设施大力建设，很多城市都将一些大型对外客运枢纽布局于城市外围，旨在通过围绕客运枢纽的综合开发，带动城市新区的发展。比如，围绕上海虹桥综合交通枢纽建设的虹桥新区（图 3-11），京广高铁沿线围绕高铁站建设的株洲的“武广新城”（图 3-12）、韶关的“芙蓉新城”（图 3-13）等。

图 3-10 西班牙马德里保罗王子火车站（老火车站）综合开发情况

图 3-11 上海虹桥综合交通枢纽及其周边综合开发规划

图 3-12　株洲市高速铁路武广新城效果图

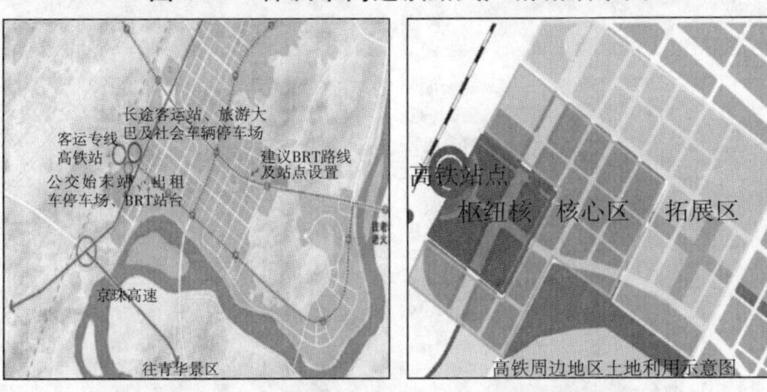

图 3-13　韶关高铁站周边综合开发规划

我国香港的新九龙客运站是综合开发的典范，如图 3-14 所示。

图 3-14　香港新九龙客运站综合开发

3.4　客运枢纽综合开发的主要模式

3.4.1　按照开发主体划分

1）以政府为主体的开发

以政府为主体开发的一个重要前提是土地国有。具体又可分为政府直接开发和政府引导开发。

（1）政府直接开发

政府直接开发主要是政府通过设立企业法人，按照相关要求，直接参与枢纽的区域性土地开发。我国以前的枢纽开发大都属于此类方式。

（2）政府引导开发

这种方式是政府不直接参与枢纽开发，主要通过制定枢纽开发规划和相关政策，引导非政府主体参与枢纽的综合开发和运营管理，具体实施中多采用政府和社会资本合作（PPP）方式。政府引导开发可以很好地发挥政府和市场在枢纽综合开发中的各自优势，是国际社会的主流。目前，我国很多城市的枢纽综合开发都采用以政府为主体的开发，既有政府直接开发，也有政府引导开发。政府既包括中央政府部门，如交通运输部、住建部等，也包括地方政府部门，如省级政府、市县级政府相关部门以及经济开发区、管委会等。

2）以市场为主体的开发

该方式的前提是土地私有化，政府对枢纽综合开发建设的干预力度较弱，枢纽建设主要由市场决定，是企业“追求利润最大化”的一种自发行为。该方式往往侧重局部利益，更加关注企业自身经济效益，难以从全局、长远的角度统筹权衡，不利于枢纽区域的整体布局和系统发展。

3.4.2　按照合作方式划分

1）独立开发

独立开发包括枢纽企业，主要为交通类企业独立开发和商业、地产等企业独立开发。从国际社会情况来看，纯粹的独立性开发方式采用得不多。

（1）枢纽企业独立开发

交通枢纽运营企业作为开发商对枢纽及其周边区域实施全过程开发，所得利润和所有风险均由交通枢纽运营企业独自承担。

（2）商业或地产企业独立开发

即以商业或地产企业为独立主体对交通枢纽及周边区域进行系统性开发。目前，纯粹地依靠商业、地产企业对枢纽区域进行综合开发的案例较少。

2）联合开发

联合开发模式即枢纽企业和商业、地产及其他企业共同合作开发。从国际经验来看，联合开发一般以枢纽企业为核心，由枢纽企业提供用地，商业、地产等其他企业提供资金和经验，共同参与具体开发，双方或多方按协议确定各自的分工和权责范围，分享增值利益，枢纽企业利用自得收益弥补枢纽建设和运营。联合开发是 TOD 模式下的枢纽区域开发建设的主要方式。目前，很多国家和地区的城市都采用联合开发的方式，比如中国香港，加拿大多伦多、蒙特利尔等。

目前，我国枢纽综合开发也是以联合开发为主。但我国枢纽的联合开发有别于国际社会的一般方式。国际社会的联合开发，往往是规划、建设、运营等全生命周期的开发，即开发之初便统筹考虑枢纽规划、衔接、建设以及后期长久运营问题。而我国的开发则更多属于多部门管理下的“分块式”阶段性开发，即将枢纽的开发分割为建设开发和运营开发等多个阶段，建设开发与运营开发大都相互割裂，甚至完全脱钩。建设期开发往往由项目公司或建设指挥部统筹，重点负责规划设计、融资建设等工作。建设期的综合开发，往往都是分块分部门独立开展，很少做到统一规划、统一设计和统一建设，开发的首要目的是解决融资问题，对于建成后的运营考虑不多。建成后，则将项目移交给专门机构运营，运营期的综合开发由专门机构负责。

3.4.3 按照开发性质划分

1）公益性开发

公益性开发目的是更大程度上保证枢纽及其功能的社会公益性和公共服务性，比如公共站房建设，公园、广场和其他康体类公益设施建设等。目前，纯公益性的土地综合开发相对较少，大都会配套有一定的商业性开发。

2）商业性开发

商业性开发目的是实现商业性增值和盈利，在保证交通功能的基础上，配套以相应的商业、商务、会展、娱乐等设施。

3）混合性开发

混合性开发即公益性与商业性开发相结合，既考虑商业开发的盈利性，也兼顾枢纽区域的公益性。随着枢纽向“交通＋社区”发展，混合性开发已成为目前的主流。

3.4.4 按照开发范围划分

1）整体开发

整体开发即将枢纽所在区域按照功能分区进行统一的整体开发建设，包括周边整个区域的地下、地上、上盖物业空间等，此类开发有利于枢纽区域的整体功能安排和空间布局。

2）局部开发

局部开发即对枢纽所在区域的局部地区进行开发建设。此类开发更多的是针对周边空间相对固化、难以大规模重新开发的既有枢纽。有时也会根据具体条件，对部分新建枢纽实施局部开发。

3.4.5 按照操作模式划分

从具体的开发操作模式来看，国际社会主要采用PPP方式，根据枢纽特点和经营能力等不同，具体采用BOT、TOT、BOO、PFI等不同方式。

综上所述，交通枢纽综合开发的主要模式如表3-2所示。

交通枢纽综合开发的主要模式 表3-2

分类标准	分类		应用情况
按开发主体分	以政府为主体	政府直接开发	
		政府引导开发	主流
	以市场为主体		
按合作方式分	独立开发	交通枢纽企业	
		商业、地产企业	
	联合开发		主流
按开发性质分	商业性开发		
	公益性开发		
	混合性开发		主流
按开发范围分	整体开发		新建枢纽的主流
	局部开发		既有枢纽的主流
按操作模式分	PPP（包括BOT、TOT、BOO、PFI）等		PPP为主流

专栏 3-2　法国和德国铁路车站的商业开发模式

1. 法国铁路车站开发模式

法国 SNCF（铁路）公司组建专门机构，负责车站商业开发，以充分有效利用车站土地和空间，统筹各类商业资源，实现车站经济、人文价值的增值。SNCF 成立全资子公司 AZC（车站商业管理和整治公司），负责客运车站商业综合开发的规划、实施和管理。通过招投标方式将站内的商业、广告等委托给专业公司具体运营。

目前，SNCF 拥有商业中心、开展广告经营的车站达到 550 余座，商业经营面积约 19 万 m^2，各类商店 1500 多家，年租金收入超过 1.2 亿欧元。

2. 德国铁路车站开发模式

德国高度重视铁路车站的商业开发。以德国铁路（DB）为例，公司将车站综合开发作为公司发展战略的重要组成部分，进行统一规划。除保留旅客乘降、服务必需的通道和设施外，各个车站可以利用的其他空间都用于经营开发，整个车站俨然成了一个大的商业服务市场。铁路车站在方便人们生活方面发挥了重要作用，并在推动城市经济发展中扮演了重要角色。

DB 公司指定其全资子公司 DB International GmbH（德铁国际股份公司）负责新建客站、既有车站商业综合开发总体规划、建筑设计和建设管理，DBNETZE 的子公司 DB Station&Serviee（旅客车站服务股份公司）负责经营项目的招标、选定入站经营者和签订租赁经营合同，负责租金收取、车站管理与协调等工作。

德铁国际股份公司专门成立了车站建设与发展部，负责制定车站商业开发总体规划、年度实施计划以及具体车站的商业经营开发方案，包括车站商业经营总面积、经营项目、单个店铺的面积、租金收取原则等。车站商业综合开发总体规划、年度实施计划以及具体车站的商业综合开发方案须经 DB 董事会批准实施。

3.5　我国客运枢纽综合开发政策与方式

近年来，我国高度重视客运枢纽的综合开发问题，特别是依托客运枢纽进行区域综合开发，无论是国家宏观层面，还是地方层面，都不断强化并积极探索客运枢纽综合开发的研究和实践，国务院、国家发展改革委、原铁道部、交通运输部等分别出台了一系列政策推进和鼓励围绕枢纽的综合开发工作。上海、深圳、广州、重庆等城市积极探索，先后出台一些具体配套政策，对综合开发的相关问题进行规范。

3.5.1 枢纽综合开发宏观政策

近年来，国务院及相关部门十分重视土地的综合利用和综合开发问题，先后制定完善了《中华人民共和国物权法》《中华人民共和国城乡规划法》《中华人民共和国土地管理法》等法律，以更好指导土地及其附属设施高效开发利用。发展改革、交通运输等相关部门也颁布了相应政策，具体指导围绕客运枢纽的综合开发。

1）国务院颁布的相关政策

2012 年 7 月，国务院颁布《“十二五”综合交通运输体系规划》，提出“加快综合交通枢纽规划工作，做好与城乡规划、城市总体规划、土地利用总体规划等的衔接与协调。统筹综合交通枢纽与产业布局、城市功能布局的关系，以综合交通枢纽为核心，协调枢纽与通道的发展。城市人民政府要建立综合交通枢纽发展稳定的资金渠道，探索以市场为主体的综合交通枢纽建设与运营机制。研究提出相关扶持政策，引导综合交通枢纽健康发展。”

2012 年 12 月，国务院颁布的《关于城市优先发展公共交通的指导意见》，提出“加强公共交通用地综合开发。城市控制性详细规划要与城市综合交通规划和公共交通规划相互衔接，优先保障公共交通设施用地。加强公共交通用地监管，改变土地用途的由政府收回后重新供应，用于公共交通基础设施建设。对新建公共交通设施用地的地上、地下空间，按照市场化原则实施土地综合开发。对现有公共交通设施用地，支持原土地使用者在符合规划且不改变用途的前提下进行立体开发。公共交通用地综合开发的收益用于公共交通基础设施建设和弥补运营亏损”。

2013 年 8 月，国务院颁布《关于改革铁路投融资体制加快推进铁路建设的意见》，提出“加大力度盘活铁路用地资源，鼓励土地综合开发利用。支持铁路车站及线路用地综合开发。中国铁路总公司作为国家授权投资机构，其原铁路生产经营性划拨土地，可采取授权经营方式配置，由中国铁路总公司依法盘活利用。参照《国务院关于城市优先发展公共交通的指导意见》（国发〔2012〕64号），按照土地利用总体规划和城市规划统筹安排铁路车站及线路周边用地，适度提高开发建设强度。创新节地技术，鼓励对现有铁路建设用地的地上、地下空间进行综合开发。符合划拨用地目录的建设用地使用权可继续划拨；开发利用授权经营土地需要改变土地用途或向中国铁路总公司以外的单位、个人转让的，应当依法办理出让手续。地方政府要支持铁路企业进行车站及线路用地一体规划，按照市场化、集约化原则实施综合开发，以开发收益支持铁路发展”。

2017年2月，国务院印发《“十三五”现代综合交通运输体系发展规划》，明确提出“推进交通空间综合开发利用。依据城市总体规划和交通专项规划，鼓励交通基础设施与地上、地下、周边空间综合利用，融合交通与商业、商务、会展、休闲等功能。打造依托综合交通枢纽的城市综合体和产业综合区，推动高铁、地铁等轨道交通站场、停车设施与周边空间的联动开发。重点推进地下空间分层开发，拓展地下纵深空间，统筹城市轨道交通、地下道路等交通设施与城市地下综合管廊的规划布局，研究大城市地下快速路建设”。同时，提出“培育壮大交通运输新动能。以高速铁路通道为依托，以高铁站区综合开发为载体，培育壮大高铁经济，引领支撑沿线城镇、产业、人口等合理布局，密切区域合作，优化资源配置，加速产业梯度转移和经济转型升级。基本建成上海国际航运中心，加快建设天津北方、大连东北亚、厦门东南国际航运中心，提升临港产业发展水平，延伸和拓展产业链。建设北京新机场、郑州航空港等临空经济区，聚集航空物流、快件快递、跨境电商、商务会展、科技创新、综合保障等产业，形成临空经济新兴增长极”。

2）主要部委颁布的相关政策

2001年，原建设部颁布的《城市地下空间开发利用管理规定》指出，“城市地下空间的开发利用应贯彻统一规划、综合开发、合理利用、依法管理的原则，坚持社会效益、经济效益和环境效益相结合，考虑防灾和人民防空等需要……地下工程应本着‘谁投资、谁所有、谁受益、谁维护’的原则，允许建设单位对其投资开发建设的地下工程自营或者依法进行转让、租赁”。

2011年，原铁道部颁布的《铁路“十二五”发展规划》提出，“优化完善铁路枢纽总图规划，加强与城市总体规划的衔接。结合新线建设和既有线改造，新建和改造部分铁路客站，在省会城市及重要中心城市构建与其他交通方式以及周边土地开发利用紧密衔接的综合客运枢纽”，“有序推进多元经营……适应旅客多样化、个性化服务要求拓展站车商业和旅行服务，积极发展站车广告、票务、旅游、商贸和饭店等相关业务；统筹利用铁路资产、土地、技术等资源，发展其他经营业务，全方位拓展铁路市场”。

2013 年 3 月，国家发展改革委出台《促进综合交通枢纽发展的指导意见》，提出“鼓励综合开发。要在保障枢纽设施用地的同时，集约、节约用地，合理确定综合交通枢纽的规模。对枢纽用地的地上、地下空间及周边区域，在切实保证交通功能的前提下，做好交通影响分析，鼓励土地综合开发，收益应用于补贴枢纽设施建设运营”。

2016 年 6 月，国家发展改革委出台《关于打造现代综合客运枢纽提高旅客出行质量效率的实施意见》，单列一章明确要求“推进综合联动开发”，提出“加强综合开发。依据城市规划和土地总体利用规划，合理确定综合客运枢纽及周边区域用地布局、规模和范围。统筹枢纽建设与城镇空间布局和产业发展，强化区域联动开发。统筹整体开发与局部开发、平面开发与立体开发，促进交通与城市、产业发展深度融合。明确既有枢纽与新建枢纽的综合开发重点，盘活优化存量资源，构筑区域新兴增长极。重点在国际性、全国性综合交通枢纽，以高速铁路客运站、城际铁路客运站、机场等为主体，建设一批集交通、商业、商务、会展、文化、休闲等为一体的开放式城市功能区”。并要求“提升开发品质。以综合客运枢纽为重点，在保证枢纽内部客流组织效率、安全性的基础上，有序拓展枢纽商业服务功能，顺应消费需求多样化、个性化趋势，调整、拓展和提升枢纽服务。充分利用综合客运枢纽人员聚集度高、流动性强等优势，积极发展广告票务、餐饮购物、旅游咨询等业务，有效提升枢纽内部商业开发的品质，构建一体融合、畅捷舒适的整体营商环境”。

3.5.2 枢纽综合开发的地方实践

从实践层面来看，我国客运枢纽综合开发的实践要先于理论。最早的客运枢纽综合开发，更多集中在客运枢纽内部以及周边（较小空间范围）的商业开发，属于多种经营的范畴，是枢纽主体自己的经营行为。

近年来，随着我国城市的快速发展以及客运枢纽的大力建设，特别是随着高速铁路车站等的大力建设，在围绕枢纽进行商业开发的同时，很多城市都在依托高速铁路、机场等大型对外客运枢纽的新建，打造“高铁新城”“临空经济区”等“城市综合体”，具有代表性的有上海虹桥综合交通枢纽、深圳北站综合交通枢纽等。部分城市也在“老枢纽”上下功夫，进行改造整合，通过高效的综合开发，实现土地与空间的集约利用，以及环境的进一步优化，如深圳罗湖枢纽等，具体如图 3-15 ~ 图 3-19 所示。

图 3-15　上海虹桥综合交通枢纽内部商业开发情况

图 3-16　深圳北站综合客运枢纽综合开发示意

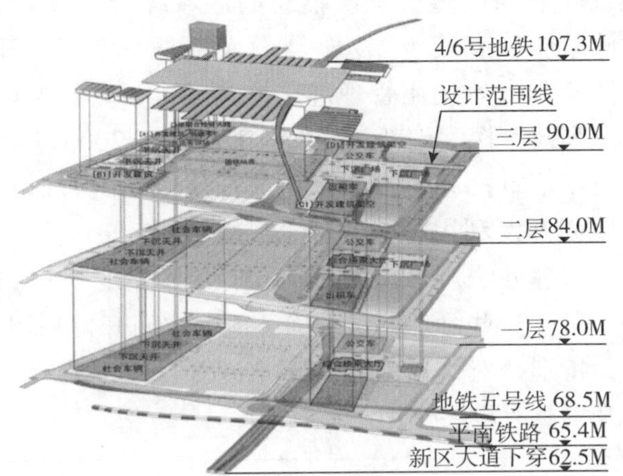

图 3-17　深圳北站综合客运枢纽内部结构

图 3-18　广州新塘综合客运枢纽规划示意

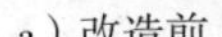
a）改造前

b）改造后

图 3-19　改造前后的深圳罗湖枢纽

同时，各地方政府高度重视围绕枢纽的区域综合开发，除在土地一级、二级开发中通过政策予以有效指导外，十分关注地下空间的开发利用，以原建设部《城市地下空间开发利用管理规定》为基础，立足城市实际，围绕地下空间进行了一系列政策探索创新。例如，上海市于2006年实施的《上海市城市地下空间建设用地审批和房地产登记试行规定》、深圳市于2008年实施的《深圳市地下空间开发利用暂行办法》、厦门市于2011年实施的《厦门市地下空间开发利用管理办法》、广州市于2012年颁布的《广州市地下空间开发利用管理办法》等。这些管理办法明确了地下空间开发利用的原则、目的、产权归属等问题，特别是对交通设施地下空间开发予以明确，对于指导城市客运枢纽的综合开发具有重要作用。

专栏3-3　厦门市地下空间开发利用相关政策规定

地下空间开发建设，是指由同一主体结合地面建筑一并开发建设的地下工程（以下简称结建地下工程）以及独立开发建设的地下工程（以下简称单建地下工程），包括地下停车位、公共停车场（库）、商业服务设施、物资仓储、民防设施、地铁场站等。

地下空间开发利用应当在城市总体规划的基础上进行专项规划。体现竖向分层立体综合开发、横向相关空间连通、地面建筑与地下工程协调配合的原则。

结建式地下空间项目的地下建设用地使用权随同地表建设用地使用权一并取得。

单建式地下空间项目的地下建设用地使用权（交通建设项目及附着地下交通建设项目开发的经营性地下空间），其地下建设用地使用权可以协议方式一并出让给已经取得地下交通建设项目的使用权人。

地下连通工程符合规划的，可按项目单独办理产权。

专栏3-4　广州市地下空间开发利用主要政策规定

地下空间是指地表以下的空间，包括结建地下空间和单建地下空间。

结建地下空间是指同一主体结合地面建筑一并开发建设的地下空间。

单建地下空间是指独立开发建设的地下空间。利用市政道路、公共绿地、公共广场等公共用地开发的地下空间视为单建地下空间。

地下空间开发利用管理应当贯彻统一规划、综合开发、合理利用、安全使用、依法管理的原则，坚持社会效益、经济效益和环境效益相结合。

地下空间开发利用应当优先发展地下交通、垃圾处理、电力设施等城市基础设施和公共服务设施，鼓励竖向分层立体综合开发和横向相关空间连通开发。

开发利用地下空间应当取得地下建设用地使用权。地下建设用地使用权的取得应当按照法律、法规的规定执行。地下建设用地使用权除符合划拨条件外，应当实行有偿、有期使用，其土地使用权出让金按照本市土地出让金的计收规定收取，出让年限按照法律、法规的规定确定。

利用市政道路、公共绿地、公共广场等公共用地和政府储备用地建设经营性单建地下空间项目的，应当通过招标、拍卖或者挂牌的方式出让地下建设用地使用权。

与城市地下公共交通设施配套同步建设、不能分割实施的经营性地下空间可以协议出让地下建设用地使用权。

除上述附着于地下空间开发政策之外，部分省市围绕枢纽地上地下综合开发也进行了一系列政策创新探索。例如，2017 年 3 月，广州市政府办公厅印发了《广州市轨道交通场站综合体建设及周边土地综合开发实施细则（试行)》，旨在进一步落实《国务院办公厅关于支持铁路建设实施土地综合开发的意见》（国办发〔2014〕37 号）、《关于打造现代综合客运枢纽提高旅客出行质量效率的实施意见》（发改基础〔2016〕952 号），建设综合换乘系统，改善出行条件，切实推进轨道交通场站同步规划、同步选址、同步设计和一体化建设，同时围绕轨道交通场站开展土地储备规划，推进土地储备，实施综合开发，形成城市功能区，实现土地高效集约利用，筹集轨道交通建设和运营补亏资金。并就轨道交通场站综合开发、综合体建设和周边土地综合开发的方案编制、审查、用地征收与供应、储备与开发、项目管理、收益管理进行了详细规定，在全国具有代表性。

专栏 3-5 《广州市轨道交通场站综合体建设及周边土地综合开发实施细则（试行）》主要内容

本细则所称轨道交通场站综合体，是按照“零距离”换乘、一体化建设运营要求，以便利出行、便捷换乘为主要目的，以轨道交通场站为核心，科学组织出入口、换乘设施、步行系统与城市生活服务设施，构建轨道交通场站及相关设施布局协调、交通设施无缝衔接、地上地下空间充分利用、轨道运输功能与城市综合服务功能有机衔接的一体化建设项目。

轨道交通场站综合体用地范围包括轨道交通站点、车辆基地、附属工程（含出入口、通风亭等）和轨道交通控制保护及交通衔接工程所需用地，具体范围可根据轨道交通场站类型、地形、现状用地条件、用地权属、城市道路等实际情况划定。应尽量避免地块分割，造成零星用地、边角地；避免多划与综合体功能建设无关的开发用地。

本细则所称轨道交通场站周边土地综合开发，是应用 TOD 理论（Transit Oriented Development，以公共交通为导向），在以轨道交通场站综合体为中心的 800m（约 15min 步行路程）半径区域，建立集交通、商务、商业、文化、教育、居住为一体的城市功能区，通过大运量轨道交通系统（含国家铁路、城际轨道交通、城市轨道交通）引领城市发展，优化城市布局，实现社会效益和经济效益。具体范围可根据地形、现状用地条件、城市道路、河流水系、地块功能及用地完整性等实际情况划定。

轨道交通场站周边土地综合开发规划应考虑轨道交通线网投资与周边土地综合开发收益的总体平衡。周边一级开发收益估算总额原则上大于或等于轨道交通线路投资总估算；轨道交通投资建设主体参与的二级开发收益估算应与站点投资建设和运营亏损规模匹配。

将开发条件分为四类。车辆基地综合开发（A 类）。此类项目应尽量结合轨道站点规划建设，并做好与轨道站点的交通衔接组织。具备较好开发条件站点（B 类）。此类站点一般位于城市中心区边缘或待开发区域，可结合周边用地和规划合理确定出入口、通风亭等轨道站点设施的位置，并有条件对轨道站点设施覆盖的区域进行整体规划、设计、建设。具备局部开发条件站点（C 类）。此类站点可结合部分轨道站点出入口、通风亭等轨道站点设施进行局部开发。不具备开发条件站点（D 类）。此类站点一般位于城市中心区。应重点考虑轨道设施与周边交通的衔接和景观环境的升级改造。

轨道交通场站周边综合开发土地的一级开发收益由市财政统筹安排，重点用于轨道交通项目建设。轨道交通投资建设主体参与二级开发的项目收益统筹用于轨道交通建设和运营补亏。市发展改革委牵头会同市国资委、财政局对轨道交通投资建设主体参与二级开发项目的成本、收益进行监管。

3.5.3 我国综合交通枢纽开发的主要方式

目前，我国各界十分关注围绕综合交通枢纽的区域性开发，在具体实践中不断探索与创新，涌现出上海虹桥枢纽、深圳北站枢纽等一批枢纽区域综合开发的典范，但更多还处于谋划或是起步实施阶段。这里主要介绍国家铁路开发方式、广东珠三角城际铁路枢纽开发方式、上海虹桥枢纽开发方式以及长沙大河西枢纽开发方式。

1）国家铁路开发方式：以铁总为核心的“国企 + 地方政府 + 其他”方式

为推进铁路建设发展，2013 年 8 月，国务院颁布《关于改革铁路投融资体制　加快推进铁路建设的意见》（国发〔2013〕33 号）（以下简称《建设意见》），提出要加大力度盘活铁路用地资源，鼓励土地综合开发利用，支持铁路车站及线路用地综合开发。

2014 年 7 月，为进一步落实《建设意见》，实施铁路用地及站场毗邻区域土地综合开发利用政策，支持铁路建设，国务院办公厅出台《关于支持铁路建设实施土地综合开发的意见》（国办发〔2014〕37 号）（以下简称《开发意见》），提出“按照新型城镇化要求，在保障铁路运输功能和运营安全的前提下，按照‘多式衔接、立体开发、功能融合、节约集约’的原则，对铁路站场及毗邻地区特定范围内的土地实施综合开发利用”。同时，明确提出铁路枢纽开发方式，即“政府引导与市场自主开发相结合”，并区分既有枢纽和新建枢纽，实施差异化综合开发方式和配套政策。

（1）既有铁路枢纽

《开发意见》提出“支持盘活现有铁路用地推动土地综合开发”，明确要求“地方政府应主动与铁路运输企业协商，统筹编制既有铁路站场及毗邻地区相关规划”，并给予既有铁路站场综合开发用地政策支持，促进铁路运输企业盘活各类现有土地资源，鼓励提高铁路用地节约集约利用水平。

专栏 3-6　《开发意见》中关于既有铁路枢纽开发的主要要求

支持盘活现有铁路用地推动土地综合开发

——科学编制既有铁路站场及周边地区改建规划。地方政府应主动与铁路运输企业协商，统筹编制既有铁路站场及毗邻地区相关规划，加强功能调整和空间优化，完善交通组织、用地布局和设施条件，增强铁路站场和周边地区的承载能力和服务功能，指导站场改建及周边地区土地综合开发，促进地上地下统一规划、统筹开发建设，实现对外交通与城市道路、公共交通一体化。

——给予既有铁路站场综合开发用地政策支持。支持铁路运输企业利用自有土地、平等协商收购相邻土地、依法取得政府供应土地或与其他市场主体合作，对既有铁路站场地区进行综合开发。市、县国土资源部门要依法为铁路运输企业利用自有土地进行土地产权整合和宗地合并、分拆等提供服务。政府供应既有铁路站场综合开发范围内的用地，应将综合开发的规划要求和铁路建设要求一并纳入土地供应的前提条件。

——促进铁路运输企业盘活各类现有土地资源。铁路运输企业依法取得的划拨用地，因转让或改变用途不再符合《划拨用地目录》的，可依法采取协议方式办理用地手续。经国家授权经营的土地，铁路运输企业在使用年限内可依法作价出资（入股）、租赁或在集团公司直属企业、控股公司、参股企业之间转让。

——鼓励提高铁路用地节约集约利用水平。利用铁路用地进行地上、地下空间开发的，在符合规划的前提下，可兼容一定比例其他功能，并可分层设立建设用地使用权。分层设立的建设用地使用权，符合《划拨用地目录》的，可按划拨方式办理用地手续；不符合《划拨用地目录》的，可按协议方式办理有偿用地手续。

（2）新建铁路枢纽

按照《开发意见》，要求“新建铁路建设项目的投资主管部门、机构应与沿线地方政府按照一体规划、联动供应、立体开发、统筹建设的原则，协商确定铁路站场建设需配套安排的土地综合开发事项，明确土地综合开发项目与对应铁路站场、线路工程统一联建等相关事宜。”对于土地保障，明确提出“新建铁路站场地区综合开发用地采用市场化方式供应”。对于实施主体，明确提出“土地由铁路建设投资主体取得的，铁路建设和土地综合开发应统筹推进；土地由其他市场主体取得的，其他市场主体应与铁路建设投资主体协商安排铁路建设与土地综合开发相关事宜，确保铁路等各项建设按规划有序进行”。

专栏3-7 《开发意见》中关于新建铁路枢纽开发的主要要求

鼓励新建铁路站场实施土地综合开发

——支持新建铁路站场与土地综合开发项目统一联建。新建铁路建设项目的投资主管部门、机构应与沿线地方政府按照一体规划、联动供应、立体开发、统筹建设的原则，协商确定铁路站场建设需配套安排的土地综合开发事项，明确土地综合开发项目与对应铁路站场、线路工程统一联建等相关事宜。

——合理确定土地综合开发的边界和规模。地方政府应按照新建铁路站场地区土地综合开发的基本要求，综合考虑建设用地供给能力、市场容纳能力、铁路建设投融资规模等因素，依据土地利用总体规划和城市、镇规划，合理划定综合开发用地边界。扣除站场用地后，同一铁路建设项目的综合开发用地总量按单个站场平均规模不超过50公顷控制，少数站场综合开发用地规模不超过100公顷。

——明确站场建设和土地综合开发的规划要求。地方政府在编制土地利用总体规划和城市总体规划时，要根据新建铁路线路和站场的选址，做好用地控制和预留。城乡规划部门要加强对站场建设与土地综合开发的规划管理，在编制铁路站场及周边地区的控制性详细规划时，应同步组织开展修建性详细规划编制或城市设计工作，深化建筑空间组织、道路交通规划、开发强度、建设时序等要求，大力推进铁路与城市轨道交通、公共交通、出租车等各类交通方式的无缝衔接，促进综合交通枢纽建设，方便乘客出行和换乘。在综合开发用地供应前，城乡规划部门应依据控制性详细规划提出规划设计条件。未确定规划条件的地块，不得供应。

——采用市场化方式供应综合开发用地。新建铁路站场地区综合开发用地采用市场化方式供应，供地公告时间不得少于60个工作日。新建铁路项目未确定投资主体的，可在项目招标时，将土地综合开发权一并招标，新建铁路项目中标人同时取得土地综合开发权，相应用地可按开发分期约定一次或分期提供，供地价格按出让时的市场价确定。新建铁路项目已确定投资主体但未确定土地综合开发权的，综合开发用地采用招标拍卖挂牌方式供应，并将统一联建的铁路站场、线路工程及相关规划条件、铁路建设要求作为取得土地的前提条件。土地由铁路建设投资主体取得的，铁路建设和土地综合开发应统筹推进；土地由其他市场主体取得的，其他市场主体应与铁路建设投资主体协商安排铁路建设与土地综合开发相关事宜，确保铁路等各项建设按规划有序进行。

2013年国务院出台的《建设意见》和2014年国办出台的《开发意见》，是铁路投融资以及铁路枢纽综合开发政策的里程碑。特别是2014年国办出台的《开发意见》，进一步深化、细化了铁路土地综合开发的思路、目标和要求，在国内首次以国务院文件的形式正式提出了铁路枢纽“多式衔接、立体开发、功能融合、节约集约”的开发理念、方式和要求，对于推进以铁路车站为核心的综合交通枢纽的综合开发具有重要作用。

从目前情况看，铁路枢纽的综合开发，更多是以中国铁路总公司为核心的综合开发，属于以“垄断性国企（主体）+地方政府（配套）+其他社会主体（参与）”的开发方式，无论是地方政府，还是其他社会主体，都需要紧密围绕和配合中国铁路总公司实施综合开发。开发的首要目的是“融资”，以支持铁路发展。正如《建设意见》规定“地方政府要支持铁路企业进行车站及线路用地一体规划，按照市场化、集约化原则实施综合开发，以开发收益支持铁路发展”。中国铁路总公司的开发初衷与城市政府以及其他社会主体开发目的存在一定的差异，在很大程度上影响着枢纽区域综合开发的具体实施。

2）广东珠三角城际铁路枢纽开发方式：TOD 下的“统筹 + 合作”方式

广东省在珠三角城际铁路建设过程中，着力推进“交通 + 社区”式枢纽站点综合开发，规划实施综合开发站点 50 个，首批开发试点 6 个，分别是清远银盏站、肇庆鼎湖站、佛山三水站、珠海珠海北站、广州新塘站和东莞虎门商贸城站。

广东省珠三角城际铁路枢纽采用 TOD 理念下“省 + 市 + 其他社会主体”、“统筹 + 合作”（省统筹，省、市、其他主体合作）的开发方式。各开发主体按照广东省统一规划实施土地综合开发，通过委托开发、合资合作开发等方式实现紧密的一体化运作。省政府成立土地综合开发工作领导小组，负责总体部署土地综合开发工作，研究协调工作中的重大问题；省国土厅、住建厅、财政厅等部门研究出台红线内外土地综合开发的差别化政策，并建立了相应的盈亏补贴机制。

（1）红线内

珠三角城际轨道交通项目红线内土地开发工作由轨道交通项目业主承担。其中，广东珠三角城际轨道交通有限公司（以下简称珠三角城际公司）负责建设的项目，由珠三角城际公司设立的土地开发公司负责项目红线内土地开发，该土地开发公司的日常工作由广东省铁路建设投资集团有限公司（以下简称省铁投集团）主导开展。城际、城市轨道交通换乘站的红线内土地可由省市共同开发，具体开发方式由省市协商确定。

（2）红线外

红线外土地开发采取“一市一公司、一地一政策”的原则，由省市联合开发，或者由沿线市负责开发。沿线地市愿意承担其境内全部运营补亏责任的，可由地市自行开发，如广州、深圳两市采取市政府自主开发的方式；沿线地市愿意省市共同承担运营补亏责任的，由省市共同出资成立的合资开发公司负责红线外土地开发，除广州、深圳外的其他地市基本都采取该方式。

其中，省市联合开发的，由省铁投集团作为省级出资人代表，分别与各沿线地市出资人代表成立由省方主导的合资开发公司，负责对该市行政区域内依法取得的城际轨道交通站场红线外土地进行开发，省市在合资开发公司的股权比例由省市双方协商确定（市级出资比例低于 50%），并按股比分享开发净收益。沿线地市提供的红线外开发备选用地规模应与承担的补亏责任相匹配，允许各市在各站点、各线路和以站点为中心、半径800m范围内外进行统筹，统筹开发的备选用地具有较大开发价值。

广东省珠三角城际铁路枢纽综合开发模式如表3-3所示。

广东省珠三角城际铁路枢纽综合开发模式　　表3-3

项　　目	要　　求	内　　容	模　　式	开发主体	
				红线内	红线外
珠三角城际铁路（首批6个枢纽）	枢纽+社区城市综合体	红线内外地上、地下物业统筹打包	独资、控股、参股 BT、BOT、PPP 单独或联合体	珠三角城际轨道公司及其下设土地开发公司	一市一公司 一地一政策 联合或市独立 省铁投代表省出资>50%

专栏3-8　广东珠三角城际铁路枢纽开发的收益管理

1. 补亏责任主体

珠三角城际轨道交通项目的运营亏损原则上由业主单位依照项目单独分线核算。项目的全线运营亏损额按沿线市路段进行分摊，各市路段分摊的运营亏损额（即该城际轨道交通项目在沿线市境内路段的运营亏损额）按沿线市境内路段投资占项目总投资的比例确定。项目业主单位应加强监管，节约成本，努力减少运营亏损。

2. 土地综合开发净收益管理

各市城际轨道交通站场红线内土地综合开发净收益由轨道交通项目业主用于冲减该市相应路段分摊的运营亏损。在红线内土地综合开发净收益冲减运营亏损的基础上，剩余运营亏损按以下方式弥补：

——沿线市境内红线外开发备选用地由该市负责开发的，则该市路段剩余亏损额由该市全部承担。

——沿线市境内红线外开发备选用地由省市联合开发的，则该市路段剩余亏损额按省市在该路段的出资比例分担（原铁道部参与投资的，其出资额纳入省级出资额)。其中，省级亏损额由红线外土地综合开发的省级净收益进行弥补，不足部分由省政府统筹解决；市级亏损额由红线外土地综合开发的市级净收益进行弥补，不足部分由该市统筹解决。红线外土地综合开发省级净收益在弥补省级亏损额后仍有剩余的，全部交由沿线市支配。

3. 设立运营补亏保障金

珠三角城际轨道交通运营补亏保障金由土地综合开发的省市出资人净收益、各沿线市上缴的运营专项补亏资金等构成。该保障金在省铁投集团设立专户，由省财政厅负责监管，做到专户存储，专项用于珠三角城际轨道运营补亏。省财政厅负责牵头制定珠三角城际轨道交通项目运营保障金管理办法，规范该保障金的来源、收缴、汇集、划拨、使用等事项。

珠三角城际铁路省市合作综合开发枢纽站点情况如表3-4所示。新塘站和佛山西站区域开发规划示意如图3-20所示。

珠三角城际铁路省市合作综合开发枢纽站点情况 表3-4

沿线城市	站点合计	站点名称	开发后新增土地规模（亩）
佛山	10	三水站、佛山西站、狮山站、狮山工业园站、云东海站、张槎站、陈村站、北滘站、顺德站、顺德学院站	16150
肇庆	3	鼎湖站、大沙站、大旺站	3558
清远	3	银盏站、龙塘站、清远站	2902
珠海	1	珠海北站	2192
东莞	8	虎门商贸城站、望洪站、麻涌站、厚街站、道滘站、樟木头站、长安厦边站、虎门站	8198
中山	3	古镇站、东升站、南头站	5208
江门	2	新会站、滨江新区	2604
惠州	1	客运北站	894

注：1亩≈666.67m^2。

a）新塘站

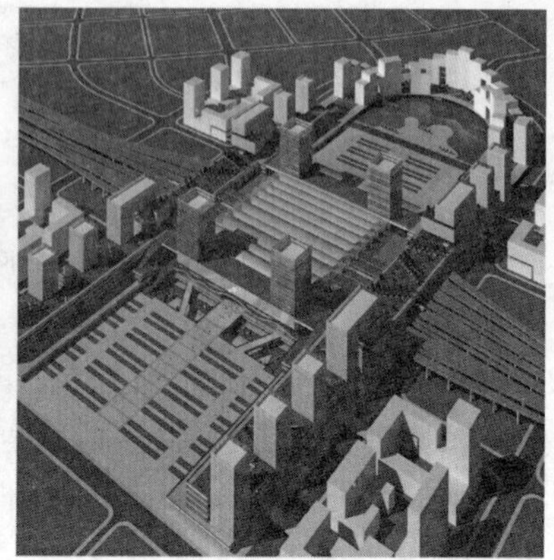

b）佛山西站

图 3-20　新塘站和佛山西站区域开发规划示意

3）上海虹桥枢纽开发方式：单主体下的“五统一”方式

上海虹桥综合交通枢纽是我国第一个集高铁、民航等多种运输方式为一体的综合交通枢纽，也是国内第一个系统化、大规模进行区域性土地综合开发的现代化“城市综合体”。以虹桥综合交通枢纽为核心的虹桥商务区，实行“五统一”开发方式，即统一规划建设、统一协调指挥、统一开发、统一管理、统一还贷。“五统一”开发方式为虹桥枢纽的建设发展提供了有力保障，开创了我国综合交通枢纽运营开发的先河，在国内枢纽综合开发方面具有一定的代表性。

虹桥商务区的开发主体为上海申虹投资发展有限公司。该公司成立于2006 年 7 月，是代表上海市政府开发建设虹桥综合交通枢纽的唯一主体，也是“虹桥综合交通枢纽工程建设指挥部办公室”的日常工作机构。在虹桥综合交通枢纽建设期（2006—2010 年），承担着虹桥综合交通枢纽开发建设的组织协调、规划设计的系统集成、施工建设等全面管理和 $26km^2$ 的动迁拆迁、$13km^2$ 的土地储备以及周边地区的整体规划。

2010 年 6 月，随着虹桥综合交通枢纽的基本建成，上海申虹投资发展有限公司的功能从建设逐渐向投资开发转换，成为虹桥商务区主功能区土地前期开发的受委托实施主体、虹桥商务区主功能区城市基础设施建设的重要投资主体、虹桥商务区公共服务配套项目的投资建设主体。

2012 年 2 月，上海申虹投资发展有限公司进一步发展转型，立足虹桥商务区的开发建设，形成了商务区土地基础开发和管理、公共服务配套设施建设、商务区及枢纽运营服务这三大主业板块。

目前，上海申虹投资发展有限公司下属上海市建设工程管理有限公司、上海虹桥枢纽交通中心建设发展有限公司、上海虹桥商务区投资置业有限公司、上海虹桥商务区新能源投资发展有限公司四大公司。涉及枢纽区域开发运营的主要有两家，分别是上海虹桥枢纽交通中心建设发展有限公司和上海虹桥商务区投资置业有限公司。其中，上海虹桥枢纽交通中心建设发展有限公司，具体承担上海虹桥综合交通枢纽交通中心项目的投资、建设、运营及附属商业设施的经营管理；上海虹桥商务区投资置业有限公司，主要承担商务区内公益性、功能性项目的建设投资以及区域土地开发。

综上，虹桥枢纽开发主体机构框架和业务板块如图 3-21 所示。

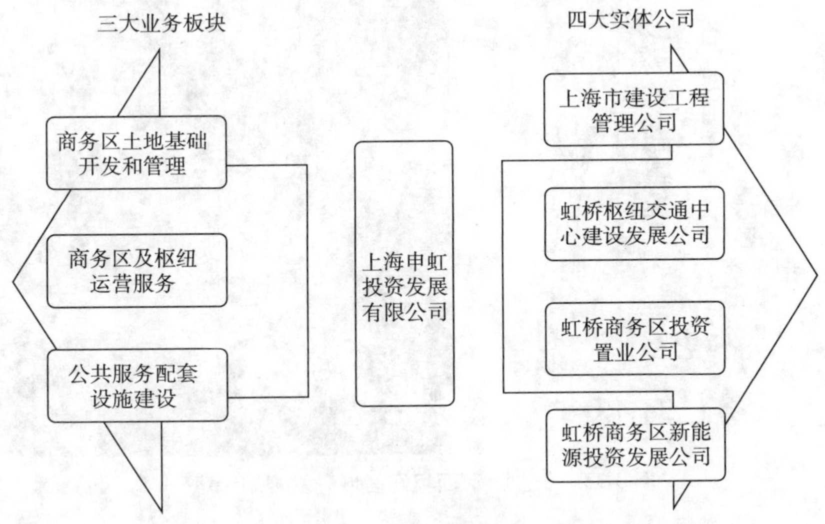

图 3-21　虹桥枢纽开发主体机构框架和业务板块

4）长沙大河西枢纽开发方式：“政府引导 + 企业投资 + 企业运营”方式

长沙大河西综合交通枢纽是以公路客运站为中心进行区域性土地商业开发的项目，采用“政府引导 + 企业投资开发 + 企业运营管理”的开发方式。

政府主要负责交通规划、投资主体确定、市政配套、资产的委托管理、站务运营主体的确定以及行业监督和管理。

企业主导投资开发，即政府财政不投资、不担保、无划拨，项目资本金、土地、征地拆迁等一切按照市场规则进行，项目规划设计、建设标准、投资规模、设备设施选型配置、招标采购、项目建设管理等均由企业依法自主决策。

企业负责运营管理，即项目建成后，商业和交通的运营完全实行自负盈亏的企业独立核算模式，由经营团队投资人负责，实行董事会领导下的总经理负责制。

具体开发实施，由交通枢纽建设投资公司按照市场化方式运作。交通枢纽建设投资公司由长沙先导控股公司代表政府控股，由龙骧集团、公交投资公司、轨道投资公司参股。

长沙大河西枢纽区域开发规划示意如图3-22所示。

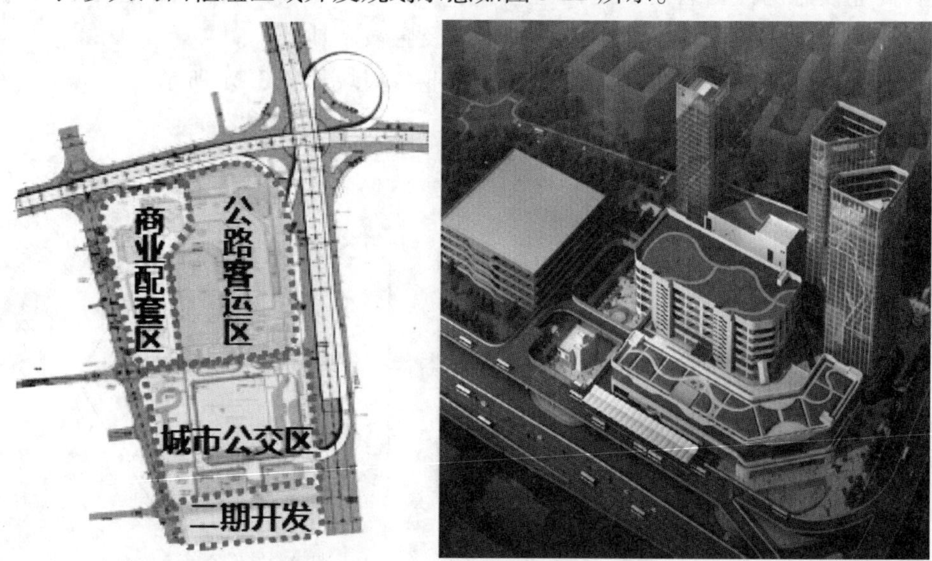

图3-22 长沙大河西枢纽区域开发规划示意

> 专栏3-9 长沙大河西枢纽基本情况
>
> 整个枢纽综合体裙楼部分共分六层：
>
> ——负二层、负三层（局部）是具备城市安全岛功能的大型公共停车场；
>
> ——负一层是地铁2号线换乘大厅、短途巴士到发厅、公交换乘中转区，配套有国际品牌超市、商业内街名品走廊，并直通商务公寓、写字楼、酒店大堂；

——地面一层是电动公交、快速公交、出租车等公共交通到发中心和主售票中心，并配套商业内街名品走廊，通过天井与负一层直通，内部环形内街布局有湖南民俗原味美食街区，布局有东北、西北、西南、北向四个大型开放式广场；

——地面二层是长途巴士到站平台、主候车大厅，东南部设有凯旋塔广场、商务美食店，长途巴士发车及备班平台；

——地面三层、四层设有智能交通ITS控制中心、国际影城和书吧。

3.6 我国客运枢纽综合开发存在的问题

当前我国各界对于客运枢纽，特别是大型对外客运枢纽综合开发热情很高，各地积极探索，取得了一定的成绩。但总体来看，我国关于对外客运枢纽的综合开发尚处于发展初期，理念认知尚不统一，还存在很多问题需要深入研究解决。

3.6.1 多为基于“土地财政”和“融资”的综合开发，缺乏从全生命周期以及区域功能最优化角度的统筹考虑

从枢纽区域整体功能最优化、运行效率最大化以及枢纽自身建设运营全周期角度系统考虑枢纽的综合开发，通过开发的增值收益实现对枢纽区域建设运营的反哺，是枢纽综合开发的重要理论逻辑，也是发达国家的普遍做法。

但目前我国客运枢纽的综合开发，更多还属于一种“短视型”开发，重“土地”而轻“枢纽”、重“买卖”而轻“经营”、重“建设融资”而轻“枢纽运营”、重“新建枢纽”而轻“既有枢纽”等问题十分突出。枢纽开发更多是基于“土地财政”角度的土地一级开发，部分拓展至二级开发，更多关心土地一级开发后的“一次性”直接交易“变现”，很少从区域整体功能最大化、运行效率最优化的角度系统、全面考虑土地及地上地下空间的整合利用和长期经营问题。

对于很多枢纽开发商而言，开发的首要目的是“融资”，对于后续运营盈

亏情况考虑的不多，很少从规划、设计、建设、运营等全生命周期角度统筹考虑综合开发方式与实施方案。由于我国很多客运枢纽特别是高铁枢纽都是近年建成并投入运营，加之铁路部门实行内部统一核算，大型枢纽站场运营亏损问题尚未充分暴露。未来随着枢纽站场的运营以及主体多元化下铁路核算体系的调整，这一问题将会凸显，需要予以重视。

3.6.2 开发主体众多，目标不同，权责不清，影响开发的整体效率和效益

我国客运枢纽综合开发涉及主体众多，既包括各级政府，也包括各类企业，如交通、地产、商业企业等。

在现有制度框架下，开发的政府主体，既包括中央部门，又包括地方政府及相关部门，中央层面既涉及交通、发改、住建、国土等部委，又涉及中国铁路总公司等大型央企国企。地方层面既包括省级政府，又包括市、县级政府等，具体包括地方的规划、交通、城建等部门。开发的企业主体，既有代表政府出资的国有企业，也有民营企业，既有交通类企业，也有地产企业、商业企业以及新兴电商企业等。

不同主体开发初衷和目标差异明显，不同管理主体间职责边界尚不清晰，极大地影响着枢纽开发的效率和效益。以高铁、城际车站为例，其开发主体既包括中国铁路总公司及其下属路局，也包括省级铁路投资建设部门，如省铁路投资集团，还包括高铁站所在地的城市政府。中国铁路总公司以及省铁投对于高铁站、城际站等枢纽综合开发的首要目的是“融资”，即“以站养线”，以开发“筹资金、促建设”，而对城市空间布局优化、土地集约节约利用、关联产业要素融合开发、城市整体活力和效率提升等考虑不多。

对于很多城市政府，依托车站进行综合开发的首要目的是通过土地增值获得更高的“土地财政”，同时也希望围绕新建车站打造“枢纽新城”“枢纽新区”，拓展城市空间规模，形成新的经济发展极。此外，也关注城市关联产业要素的融合开发和综合利用，注重城市空间与功能的优化布局，节约集约地利用土地资源。而并不愿意将枢纽的开发收益，反哺整个大铁路网或城际路网系统，特别是反哺本城市以外的铁路网建设，这也是综合开发中城市政府与中国铁路总公司及省铁投最突出的矛盾点。

3.6.3 缺乏有效规划指导，开发方式有限，市场参与度不足，效果不理想

首先，目前我国综合交通枢纽规划体系尚不完善，尚未形成能够有效统筹各种运输方式站场布局衔接的综合交通枢纽规划体系。受管理体制等影响，我国交通枢纽长期处于分部门规划、分行业实施、“一事一议”建设的发展状态。尽管2007年国务院颁布《综合交通网中长期发展规划》，明确提出“编制综合交通枢纽规划，制定枢纽集疏运衔接标准与规范”，2013年国家发展改革委出台《促进综合交通枢纽发展的指导意见》，明确要求国家重要节点城市编制综合交通枢纽规划，同时要求“对于综合交通运输体系中的节点城市，其综合交通枢纽规划由所在城市人民政府组织编制，纳入城市总体规划进行审批（或修改城市总体规划时进行审批），用于指导城市交通枢纽设施的空间布局和建设”。2016年国家发展改革委出台《关于打造现代综合客运枢纽提高旅客出行质量效率的实施意见》，明确要求“国际性、全国性综合交通枢纽城市，应同步编制综合客运枢纽与周边区域一体联动开发的详细规划，或在综合交通枢纽规划中编制综合开发专项篇章”。但迄今为止真正系统性编制综合交通枢纽规划的城市不多，大部分城市内部各类枢纽布局衔接未能有效统筹，编制“专项综合开发规划或综合开发专项篇章”的更是寥寥无几，“交通综合体”层面的实质性问题没有得到有效解决，“城市综合体”理念下枢纽与周边区域综合开发的问题更是鲜有涉及。

其次，缺乏专业性、系统性、针对性的枢纽综合开发规划，商业化、融合化、系统化统筹考虑不足，极大地制约着综合开发的实施及其效果。既有的分行业枢纽专项规划几乎不涉及土地综合开发内容，城市总体规划也很少直接提及枢纽和周边区域一体化开发的问题，即便提及，更多的是一种概念性提法，内容与深度不够，难以有效指导具体操作。同时，尽管目前审批制度改革深入推进，部分审批已经下放，但对于客运枢纽开发规划及相关经济分析尚不能作为枢纽项目立项核准或备案等配套依据，在很大程度上影响了枢纽综合开发的具体实施。

再次，客运枢纽综合开发的方式十分有限。基本上都是以政府为主导，以传统交通枢纽企业为核心的联合开发，对多样化、复合化市场需求变化的响应能力较弱，对现代产业“跨界”融合趋势下的新业态、新模式、新服务

等新事物接受能力不强，前置化、定制化开发方式很少，枢纽综合开发的创新能力、市场活力、内生动力不足。尽管交通企业不断改进开发方式和合作模式，但受制于传统业务、模式、经验等局限，开发整体效果大都不理想。合作模式更多以传统的建成后“招租”为主，盈利模式也多为传统的“租金+扣点”，市场引力不强，参与主体有限，参与深度不足，地产、商业、电商等企业实质性介入较少。

3.6.4 配套政策不完善，利益分配与反哺机制不健全，风险评估和预警及时响应水平不高

我国客运枢纽综合开发方面的政策配套不完善，土地利用、地下空间和上盖空间开发、利益分配及返还、风险评估及应对等政策和机制保障亟待加强。尽管国家在城市地下空间利用方面已经出台了原则性办法，上海、深圳、厦门等城市在此基础上制订了实施细则，但具体指导性仍然有限。对地上空间特别是枢纽上盖物业空间的开发利用，缺乏相应政策和标准，对不同类型枢纽在开发条件、开发方式、开发规模等方面缺乏分类指导。枢纽开发各主体之间的组织协调、利益返还、约束监督等机制不健全，既有的“献礼式”赶工期建设模式有悖于枢纽开发基本规律，直接影响综合开发的效果。此外，对综合开发的风险问题缺乏系统性研究，尚未建立有效的风险评估、预判、分担和控制体系，风险应对的政策储备不足。

3.6.5 过度注重新建枢纽综合开发的“枢纽新城”带动作用，忽视既有枢纽改造性综合开发的集约优化效用

如前所述，目前我国综合开发实践普遍更为重视新建客运枢纽，特别是新建高铁站和机场等，很多城市都在依托高铁站、机场等打造“高铁新城”“临空经济区”，而对于位于城市中心区既有枢纽，特别是火车站、汽车站等的综合开发较为忽视。

更多重视位置相对偏远的新建枢纽，一方面是出于城市规模扩张的考虑，旨在通过客运枢纽的建设开发，打造“新城”“新区”等新的增长极，以带动城市发展；另一方面，也是由于城市外围新区是一张“白纸”，规划开发相对容易，而且土地价格较低，易于获得。而位于城市中心城区的客运枢纽，由于周边空间布局大都已经确定，周围设施和建筑等大都已经建成，综合开

发和改造具有一定的难度。

但事实上，对于我国特大城市、大城市而言，充分利用位于城市中心的既有枢纽，特别是老火车站等实施有效的区域性综合开发，盘活存量，有效发挥既有枢纽客流高度密集、区位条件优越、周边配套完善等优势，对于解决土地紧张问题、优化城市空间和服务功能、提升城市整体聚集能力和运行效率，更具现实意义，更应得到重视。国外发达国家和地区综合开发的实施大都是围绕既有客运枢纽，他们在这一方面积累了十分丰富的经验。西班牙马德里王子火车站改造前后对比如图 3-23 所示。

a）1890年

b）目前

图 3-23　西班牙马德里王子火车站改造前后对比

当前，我国围绕新建客运枢纽的综合开发刚刚起步，而且新建客运枢纽距离城市中心普遍偏远，枢纽站房功能设置较为单一，周边配套相对薄弱，能否依托这些新建客运枢纽实现“新城极化”的预期效果，还有待观察和研究。有些学者已经指出“不是高速铁路上的每个站点都能对城市经济发展产生巨大影响，不同的城市群高速铁路、城际铁路以及其站场所产生的效果不尽相同，对于首位度高的特大城市、大城市而言，枢纽集聚效应较强，但对中小城市而言则未必有利”。

从目前情况来看，在地方债务规模越来越大，地方融资平台日益收紧的大形势下，“枢纽新城”等建设大都不太顺利。因此，未来对于新建枢纽的综合开发，需要在规划时放眼长远、系统谋划，但在具体实施中，则应立足实际、创新模式、稳步推进。

京沪高速铁路和沪杭客专沿线主要车站距市中心距离如图 3-24、图 3-25 所示。

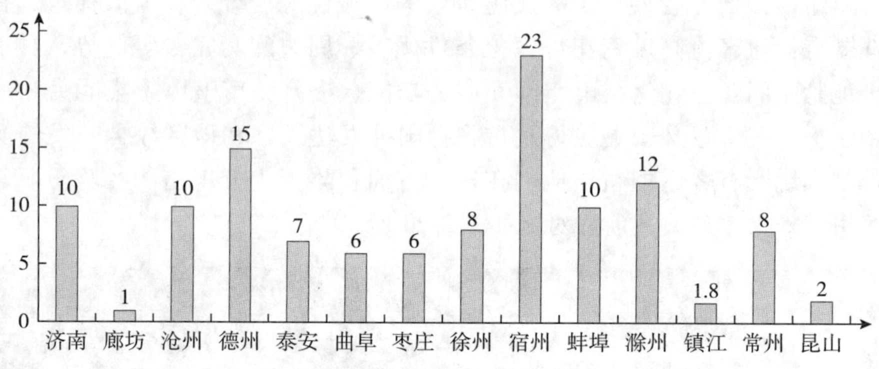

图 3-24　京沪高速铁路沿线主要车站距市中心距离（单位：km）

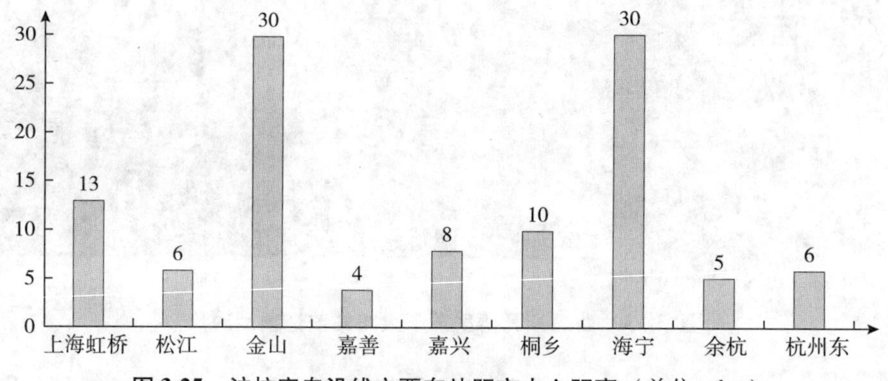

图 3-25　沪杭客专沿线主要车站距市中心距离（单位：km）

3.6.6　部分枢纽建设和开发规模偏大，整体效益不尽理想

目前，我国不论是新建枢纽还是既有枢纽，与国外一些国家和地区的枢纽相比，功能较为单一，建筑规模和开发规模明显偏大，在带来巨大资金压力的同时，也影响着开发的整体效果。按照发达国家一般经验，枢纽区域综合开发的面积不宜超过 30km^2，其中，核心开发区不宜超过 10km^2。但我国很多城市枢纽区域综合开发面积远远超过 30km^2，有的甚至高达 100km^2。2014 年国务院办公厅出台《关于支持铁路建设实施土地综合开发的意见》提出了支持盘活现有铁路用地推动土地综合开发的标准和建议，明确“扣除站场用地，同一铁路建设项目综合开发用地总量：单个站场平均规模不超过 50 公

顷，少数站场规模不超过 100 公顷"，将有利于统筹既有枢纽与新建枢纽的综合协调开发，规范和控制枢纽开发规模，抑制开发面积的过度扩张。具体如表 3-5 所示。

目前我国枢纽区域开发面积的相关规定 表 3-5

类　别	国 家 铁 路	珠三角城际
具体要求	扣除站场用地，同一铁路建设项目综合开发用地总量：单个站场平均规模不超过 50 公顷，少数站场规模不超过 100 公顷	对站场红线外区域周边半径 800m 左右范围用地进行控制

目前，我国新建的高铁车站等综合客运枢纽，建筑面积超过 60 万 m^2 的比比皆是，上海虹桥综合交通枢纽更是超过 160 万 m^2，而发达国家类似枢纽建筑面积往往不超过 10 万 m^2，比如，西班牙王子车站建筑面积 4.5 万 m^2，德国柏林中央火车站建筑面积 1.5 万 m^2。过大的站房规模，导致我国客运枢纽能力利用率远远低于发达国家。以火车站为例，我国最为繁忙的火车站北京西站日平均单位面积作业量只有 1.17 人/m^2，最高峰时单位面积作业量也不过 3.53 人/m^2，远远低于德国中央火车站 10 人/m^2、西班牙蒙克利尔枢纽 6.68 人/m^2 的日平均单位面积作业水平，新建的上海虹桥枢纽、深圳北站等高铁站单位面积作业量则更低，分别只有 0.25 人/m^2、0.05 人/m^2。我国部分新建高铁站规模情况和部分火车站能力利用率与国际先进水平的枢纽站对比情况分别如表 3-6 和表 3-7 所示。而且由于种种原因，很多客运枢纽内部的商业开发效果也并不理想。部分客运枢纽闲置的站房空间如图 3-26 所示。

我国部分新建高铁站房规模 表 3-6

序号	站　场	建筑面积（万 m^2）	站房面积（万 m^2）	股道（条）
1	上海虹桥	160	42	19
2	北京南站	42	31	24
3	深圳北站	67	18	20
4	广州南站	62	49	29
5	武汉站	37	11	20
6	南京南站	38	28	28
7	西安北站	43	34	34
8	石家庄站	39	29	30
9	天津西站	68	18	26

我国部分客运枢纽能力利用情况与国际先进水平的枢纽站对比　　表 3-7

名称		交通建筑面积（万 m^2）	目前日均客流量（万人）	远期预测日均客流量（万人）	单位面积作业量（人/m^2）
新建枢纽	虹桥枢纽	160	40	140	0.25
	深圳北站	42	2	11	0.05
	长沙南站	10	2.3	8	0.23
	衡阳东站	2.1	0.7	2	0.33
	清远站	1.1	0.2	0.5	0.14
既有枢纽	北京西站	17	18～20（最高峰60）	20	1.17（最高峰3.53）
	郑州火车站	14.4	15	—	1.04
国外枢纽	德国柏林火车站	1.5	15	30	10
	西班牙王子车站	4.5	30	—	6.68

图 3-26　部分客运枢纽站房闲置空间

4 货运枢纽与现代多式联运

多式联运是高效的货物运输组织方式，对充分利用运输资源，促进各种运输方式合理分工，提高一体化运输服务水平，降低运输交易成本和社会物流成本，促进交通运输绿色发展，提升经济社会综合效益与产业竞争力等均具有显著作用。货运枢纽作为货物换装分拨的转运中心，是实现多式联运的重要载体和核心抓手。需要深刻把握现代多式联运内涵特征，明确货运枢纽的发展方向与任务，更好支撑现代多式联运发展及其战略价值发挥。本章系统梳理多式联运的概念和特征，研究提出新形势下现代多式联运概念内涵及其系统构成，总结现代多式联运发展的战略价值，分析我国多式联运以及货运枢纽发展情况及问题，从支撑现代多式联运发展的角度提出我国货运枢纽建设布局的方向与思路。

4.1 多式联运概念和特征

4.1.1 多式联运概念及再认识

1）欧美国家多式联运概念与发展

在多式联运发展初期，凡是涉及两种或两种以上运输方式的货物复合运输均被称为多式联运。随着经济社会与对外贸易发展，以及技术与管理手段等的进步，欧美国家对多式联运概念内涵认识进一步深化。目前，欧盟和美国的多式联运，均使用“Intermodal Transportation”的表述，特指货物运输，强调“货物由一种且相同的标准化装载单元或公路车辆装载，相继采用两种或多种运输方式接续运输，并且在更换运输方式的过程中没有对货物本身进行操作，而只对装载单元进行操作的一种货物运输方式”。在美国，更加强调多式联运经营人的作用，并且采用了“联运提单”。欧盟在“Intermodal Transportation”概念基础上，又延伸出“组合运输”，即“Combined Transport”，强调“多式联运的主要部分是通过铁路、内陆水运或海洋运输完成，最初或者最后使用公路运输的部分则尽可能短”。组合运输更加强调运输方式之间的合理分工与统一协作，尤其是节能环保型运输方式的推广应用，是目前欧盟国家多式联运发展的重点方向。欧美依托集装箱和专业化经营人发展多式联运，改变了传统针对单一运输方式多次进行交易的运输服务模式，大大降低了运输交易成本，提高了运输效率，有效扩大了贸易和生产的覆盖范围，对经济全球化和国际贸易规模的扩大起到重要带动作用。

2）我国多式联运概念与发展

我国多式联运主要采用“Multimodal Transport”的内涵表述。《物流术语》（GB 8226—2006）将多式联运（Multimodal Transport）定义为：“联运经营者受托运人、收货人或旅客的委托，为委托人实现两种以上运输方式（含两种）或两程以上（含两程）运输的衔接，以及提供相关运输物流辅助服务的活动。”《多式联运服务质量要求》（GB/T 24360—2009）中，将多式联运（Multimodal Transport）定义为：“通过一次托运、一次计费、一份单证、一次保险，将不同的单一运输方式有机地组合在一起，构成连续、综合的一体化货物运输方式。”

我国对多式联运的概念定义尚未统一，与欧美国家在概念和定义上也存在明显差别。我国多式联运更加强调“由同一个经营主体通过两种以上运输方式实现货物运输的全程化、责任化组织”。而欧美国家，由于一体化全程组织相对较为成熟，劳动力成本相对较高，其多式联运则更加强调“采用标准化单元，不对货物本身进行操作”，货物处于封闭标准的运输单元中，便于使用机械化设备搬运装卸，安全可靠，绿色环保，而且责任边界相对清晰，有利于提升运输效率、降低货损货差和外部负面影响。我国多式联运属于广义概念，与我国产业结构和工业化发展阶段直接相关，与欧美以消费品为主体便于集装化的货物结构不同，我国散杂货物在运输中占比高达70%以上，在提高运输效率、降低综合成本的要求下，我国更强调对处于散装状态货物的全程组织管理。

3）本书对多式联运概念的重新定义

多式联运系统建设与发展遵从运输服务便利化和交易环节简约化的规则，即多式联运发展既符合现代各种运输方式提升运输整体效率、降低综合成本的供需两侧优化特征，也符合市场经济规则下通过全过程运输减少交易环节、降低交易成本和提升经济运行效率的要求。多式联运的交易规则符合市场经济一般交易规则，通过供需“一对一”交易，优化“多对多”的交易方式。因此，结合我国货物结构和运输成本、效率状况，以及需要不断提高运输效率的供给侧结构性改革要求和国家战略发展要求，本书从运输组织与交易规则相结合的视角对多式联运进行研究，即按照“一种现代、高效的货运组织方式，通过一个统一的运输服务组织者，实现运输组织一体化，利用现代信息技术、金融服务等组织手段，实现运输交易透明化和便利化，将多种运输方式高效衔接和精准匹配，提供‘门到门’完整运输服务”的框架进行系统分析。

4.1.2 多式联运的主要特征

1）一个组织主体

一个运输服务提供者或经营人，实现货物从起点到终点“门到门”的完整运输服务。对运输需求者而言，可以实现“一次托运”“一次计费”“一次保险”“一份单据”，改变多运输环节多次交易模式，降低交易成本，实现信息透明。

2）多种运输方式

整个运输过程中，至少使用公路、铁路、水运、航空等两种或两种以上运输方式，发挥一个组织主体的作用，体现简化交易程序要求。对于货物在单一方式间的联程接续转运，因并未发生多次交易行为，不属于本书多式联运研究范畴。

3）全程服务组织

按照客户需要，联运组织主体负责全过程的组织衔接、承运服务，并承担相应责任。联运组织主体可通过独立方式，也可通过与不同运输方式承运人协作方式，共同完成全程运输服务，真正实现“一票到底”。这一全程服务组织，既包括运输组织，也包括物流组织以及供应链组织等。现代多式联运模式下，组织主体可以充分利用互联网等现代信息技术和金融保险等手段，通过广领域组织精准对接，实现交易简化有效以及运行运作整体效率与效益提升。

4.2 多式联运系统与构成

为运输服务提供多种选择，以及跨国际、国内区域较大空间范围的服务运作，使得多式联运系统架构较为复杂。通过对这种复杂系统进行系统性分析，可以从构成要素、货种货类、联运模式、空间范围等多个视角归类研究。

4.2.1 构成要素视角下的联运系统构成

从系统要素构成角度，多式联运系统主要由六大部分构成，分别是：组织主体、基础设施、装备设备、标准规范、组织平台、政策体制等。

1）组织主体

多式联运组织主体是多式联运系统的核心，一般以多式联运经营人为主体，包括铁路企业、港口企业、航运企业以及货运代理、报关经纪、海关国检等在内的能够有效参与多式联运全程组织服务的各类主体。从发展情况来看，多式联运组织主体既可以是拥有运输工具的各运输方式承运人，也可以是没有运输工具的无船无车承运人，还可以是其他具有资源整合能力和联运服务能力的经营主体，包括电商平台企业等。

2）基础设施

综合交通设施网络是多式联运的基础性载体，要实现多式联运必须有以能力充分、功能完善、布局合理、覆盖广泛、标准适用的铁路、航道等运输通道以及各类交通枢纽为核心要件的基础设施网络系统。其中，最为关键的是作为设施物理衔接部和组织交汇处的联运枢纽，包括以沿海沿江港口、铁路物流基地、内陆港等为核心的货运枢纽站场，如图 4-1 所示。此外，涉及出入境联运服务的口岸型枢纽，还需要配套有海关、国检等辅助支撑设施。需要注意的是，包括大数据、新一代移动互联等在内的现代信息通信网络基础设施，也是多式联运系统的重要支撑性构件。多式联运系统的基本框架如图 4-2 所示。

图 4-1　支撑多式联运发展的主要枢纽示意

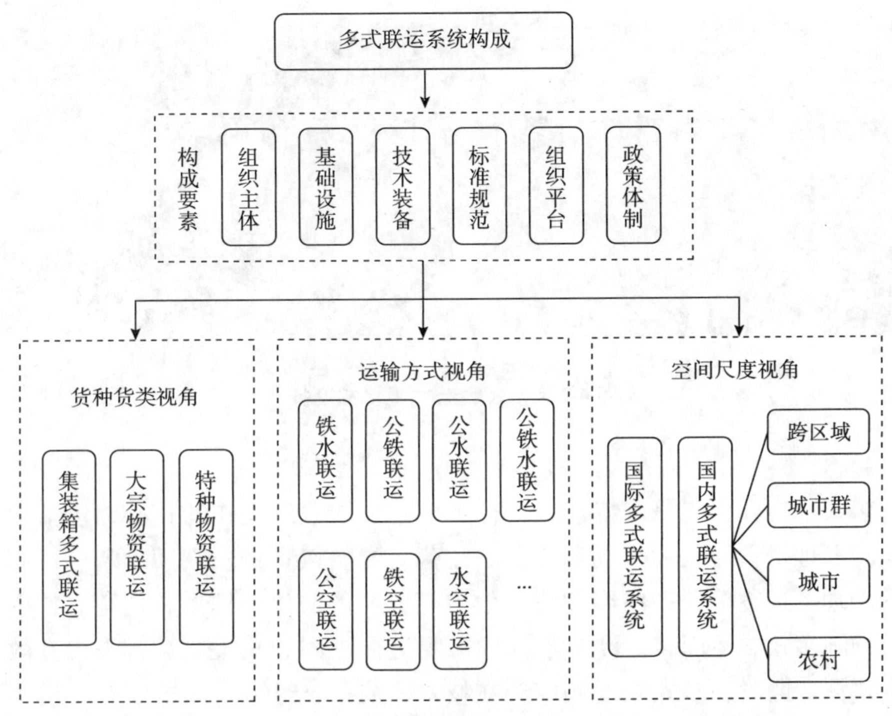

图 4-2 多式联运系统的基本框架

3）装备设备

多式联运的实现需要有标准化的专业装备和设备，包括相关运输装备、转运设备、载运器具等，如集装箱、集装袋、托盘、铁路集装箱平车、厢式半挂车平车、龙门吊、桥吊、集装箱堆高机、叉车等，举例如图 4-3 所示。

a） b）

图 4-3

c）

d）

图 4-3　多式联运主要装备设备

4）标准规范

多式联运标准规范，特别是运行规范是多式联运运作的核心，包括运输组织与管理、参与人的权利和义务、经营人的赔偿责任及期间、定价机制和违约处理、运输单证的内容和法律效力等方面的协议、标准和规范。特别是对于国际多式联运而言，涉及不同国家间运输规则和相关政策，需要有效对接和协调。同时，多式联运还需要在技术、装备、组织操作层面有一套标准体系，以便于不同方式间、主体间的衔接匹配，以及与其他领域技术标准的组织对接。

5）组织平台

多式联运的组织性平台，既包括依托互联网、大数据等的各类信息共享平台，也包括由企业或政府搭建的其他各类资源整合平台，比如交易中心、协会组织等。组织性平台是实现供方与需方、政府与企业、政府部门与部门以及各类运输企业、物流企业、生产企业之间信息以及资源共享互通的重要组织性载体，在现代多式联运发展中的作用越来越重要。

6）政策体制

政策法规、管理体制和协调机制是多式联运具体运行、操作和实施的重要保障。法律法规包括各种运输方式以及多式联运的规章规程。政策包括准入/退出、投融资、价格等多方面的鼓励、支持和约束性举措。管理体制和协调机制，更多则是制度性保障，促进部门之间、部门与企业之间、企业与企业之间以及国家与国家之间的协调与沟通，为多式联运的发展营造良好的市场环境。

4.2.2 货品货类视角下的多式联运系统

货品货类视角下的多式联运系统划分，主要依据不同运输对象对多式联运不同的运输组织要求而形成的专业化系统。主要分为集装箱多式联运系统、大宗散货多式联运系统和特种物资多式联运系统等。

围绕货品货类的多式联运系统，其实质是基于经济发展和产业结构下的多式联运系统划分。现实中，服务不同货类的多式联运系统与经济发展阶段以及产业结构高度关联，不同的经济发展阶段、产业结构和产业布局，带来不同的物资要素流动特点，如大宗散货为主还是轻工产品为主、有限区域局部流转还是跨区域大进大出等，不同的资源要素流动又带来不同的多式联运需求，进而直接体现在围绕不同货类的多式联运系统构建。

1）集装箱多式联运系统

该系统是以集装箱为运载单元的一种货物多式联运组织方式，形成的一套包括设施、设备、组织、标准等在内的专业化系统。集装箱运输改变了货物运输传统的零散型组织方式，实现了货运集装化和规模化发展，对整个货运体系乃至经济格局具有革命性影响，是目前国际社会运输发展的重点。

2）大宗散货多式联运系统

该系统是重点围绕煤炭、矿石、粮食以及水泥等散装型物资的多式联运组织方式，形成的一套包括基础设施、载运工具、装卸设备、运输组织、联运标准等在内的专业化系统，如图4-4所示。

图4-4 现代化的煤炭铁水联运码头和港口铁路翻车机房

3）特种货物多式联运系统

该系统主要是针对危险品货物、冷藏货物、汽车整车以及快递包裹等不同货类的多式联运组织方式，形成的一套包括设施、运输工具、设备、组织、标准等在内的专业化系统，如图 4-5、图 4-6 所示。

图 4-5　汽车整车多式联运

图 4-6　危化品及冷藏货物多式联运

4. 2. 3　联运模式视角下的多式联运系统

所谓联运模式的视角，即针对所采用的运输方式，形成的有独特流程特征的专业化联运系统。严格意义而言，铁路、公路、水运、航空、管道等五种运输方式中，只有公路真正可以实现“门到门”运输，所以，一般而言，哪种联运方式都离不开公路。因此，联运模式视角下的多式联运可以简单归纳为铁水联运模式以及“公路 +”联运模式。按运输方式划分，理论上还有空铁联运、空水联运等模式，但鉴于铁、水、空运各自技术经济特点，实际操作中，很少有货物采用空铁联运和空水联运模式。

1）铁水联运系统

铁水联运总体要求较高，除了要求铁路进入港区之外，还需要铁路进入企业，并要求作为供需另一方的企业拥有码头。因此，现实中，真正的铁水联运应用范围相对有限，除部分拥有铁路专用线和自有码头的企业，如煤矿、铁矿以及拥有业主码头的电厂等针对煤炭、矿石以及部分集装箱等有限货类真正使用铁水联运模式外，大部分的铁水联运实质上仍为“铁水公”的模式，“门到门”的最初或最终运输都要依靠公路接驳完成。

2）“公路+”联运系统

“公路+”联运系统，包括公铁联运、公水联运和公空联运等系统。在“公路+”联运系统中，一般由公路承担两端“最先和最后一公里”的接驳运输，铁路、水运、航空等承担干线运输。

此外，部分人士认为内河水运与远洋运输尽管都属于水运，但运输系统和运输模式等存在明显区别，因此，将内河水运与远洋海运之间的联运，即“江海联运”，也划分为一类多式联运系统。但规范而言，“江海联运”可算作联程运输，还不能称之为严格意义的多式联运。

4.2.4 空间范围视角下的多式联运系统

按照辐射空间和服务范围来看，多式联运系统可分为国际多式联运系统、国内多式联运系统。

1）国际多式联运系统

国际多式联运系统主要是围绕对外经济往来和货物进出口贸易，对标国际运输规则和标准，构建的通达全球的多式联运系统。在联运系统中，一般以国际远洋运输为核心，部分货品以国际航空运输为重点、以其他运输方式为补充。近年来，随着陆桥运输和内陆铁路跨境运输的发展，特别是在欧亚陆路板块的“铁公水”多式联运中，国际铁路运输的地位越来越重要。

2）国内多式联运系统

在国内区域空间板块中，围绕不同区域间的经济联系、产业布局、城镇发展所提出的运输要求和组织特点，可分为跨区域多式联运系统、城市群多式联运系统、城市多式联运系统和农村多式联运系统。国内不同空间尺度上的多式联运系统，在设施设备上往往是可以通用共享的，但在组织流程和服务规程上，则有着明显的特征差异。

此外，在实践中，国际多式联运与国内多式联运间往往会有一套专业化的国际国内联运对接系统，包括设施设备、运行平台、组织网络和标准规则等，以保证资源要素跨区域、跨国境的便捷流动。

4.3 现代多式联运发展的战略价值

多式联运是一种先进、现代的货运组织模式，从产生到发展，经历了传统到现代的演进过程，其功能作用也在不断拓展。其价值不仅在于产生之初促进运输自身效率提升与绿色发展，降低交易成本和社会物流成本，支撑经济运行、经贸交流和产业发展，更在于随着与现代产业链、供应链以及现代信息技术、金融服务等产业、业态的深度融合联动，所形成的系统化产业组织优势、空间拓展优势和服务衍生优势。其对提升国家或区域核心竞争力，影响和塑造国际物流乃至国际经贸结算规则等方面具有较高的战略价值。

4.3.1 带动组织方式变革，实现运输系统升级和绿色发展

多式联运通过标准化、一体化组织和衔接，不仅提升了运输服务品质和效率，而且带来传统运输组织方式、技术等系统性变革。特别是利用集装箱等标准化载运单元，实现了转运过程中不对货物本身进行装卸操作，大幅提高了运输效率。依托多式联运的标准化，带来整个运输环节以及生产流通环节在产品包装、组织衔接等方面的标准化、规范化和流程化，实现运输系统以及物流系统的整体升级。同时，以封闭式集装箱为载运单元，大幅降低运输过程中货物对环境的负面影响，实现安全绿色运输。通过不同运输方式的合理分工，很大程度上缓解了交通拥堵，降低了综合和单位运输的碳排放。根据欧美实践，中长距离运输中，多式联运与传统单方式直达运输相比，运输效率提高30%左右，货损货差减少10%左右，综合成本降低20%左右，交通拥堵减少50%以上，节能减排提升30%以上。

4.3.2 增加多样化运输服务供给，降低社会运行总体成本

不同产品和消费方式对运输费用的承受能力不同，在运输能力充足的前提下，多式联运因衔接不同的运输方式，使得在特定方向和区域形成了多种可与运输需求更好匹配的运输服务组合，有利于满足不同产业和消费布局需要，以及运作模式创新。多式联运在增强运输服务选择性的同时，有利于不同运输方式的市场细分和网络布局，从而产生基于市场细分与网络拓展的规模经济，在大批量、多频次、往返性、中长距离运输中具有综合竞争优势。

虽然相比公路“门到门”直达运输，特别是中短途整车直达运输，多式联运需要多次倒装、倒载、转运，可能并不具有成本优势，但批量结构的变化以及分工细分、网络拓展基础上的规模化，将最大限度地降低单位运输成本，从而大幅降低全社会综合运输成本。

多式联运立足各种运输方式的技术优势，合理分工，真正实现“宜水则水、宜路则路、宜空则空”，能够大幅减少运输结构不合理所致的无效运输，降低经济社会运行成本。同时，通过运输结构合理化，优化运输市场环境，有效避免公路超载超限等无序和恶性竞争，促使外部成本内部化。此外，相对于分段分程运输的多次谈判、委托、订立合同和保险理赔等，一个主体全程组织下的多式联运能够大幅节省货主自己组织运输所发生的各类成本，降低全社会交易费用。

4.3.3 扩大运输服务的连续可达范围，拓展区域发展空间

按照各种运输方式技术特性以及自然条件等限制，现实中除公路运输以及个别拥有专用铁路和码头的企业可以通过铁路、水运等单一运输方式实现货物的“门到门”直达外，大部分都需要通过多种运输方式协同联运来完成。按照市场交易规则，这种协同配合需要需求者或代理企业与多个运输企业进行多次运输服务委托，不仅服务质量很难保障，衔接时间等也不易控制。多式联运大幅提升了运输的连续可达性，可以通过多式联运经营人组织安排以及时间和费用控制，将货物运输延伸至“门到门”“架到架”，有效扩大运输服务可控半径，延伸了生产、消费活动的空间，对密切区域经济交流、拓展产业辐射范围具有重要作用。

4.3.4 联动产业发展和技术进步，提升国家整体竞争实力

不同的经济发展阶段、不同的产业结构和布局特点，所派生出的运输需求各不相同。多式联运作为高效的运输组织模式，是顺应国家和区域经济社会发展需求，与产业结构和空间布局精准对接的运输服务供给方式，其核心是为区域内企业和产业发展提供更加高效、更低成本的物流条件，能够大幅提升国家和区域经济整体竞争力。同时，基于多式联运与产业发展对接的精准性，使得多式联运与不同产业、不同企业之间的联动更为紧密，通过多式联运系统与区域产业系统的一体化整合发展，以及与现代信息技术、金融服务等联动创新，能够有效支撑和引领地区产业发展、空间布局和产业跨区域

梯度转移，形成支撑带动区域发展的系统性产业组合优势和组织优势，提升经济整体发展能级和竞争实力。

4.3.5 支撑要素跨境流动，塑造国际物流及经贸运行规则

受世界陆域海域版图所限，现实中大部分国家、区域间经济贸易交往和资源要素流动都要依托多式联运，特别是国际多式联运才能实现。尤其是跨洋国际货物贸易，都需要远洋海运、国际航空与两端国家的铁路、公路及内河航运等之间衔接转运、协同配合才能完成。国际多式联运，特别是远洋海运，在国际货物运输以及国际贸易中至关重要。国际社会逐步形成了以国际海运为依托的国际运输、贸易和货物结算规则，如目前通用的FOB、CIF等贸易条款。随着国际交往的密切与频繁，未来国际多式联运规模将进一步扩大。在各国国际合作模式创新、金融创新不断加快的趋势下，国际多式联运与国际贸易、结算等体系间的关系将更为紧密，其在国际经贸格局中的位势将进一步提升，对全球国际物流、国际结算以及国际贸易等规则和整体运行框架的影响将更为直接和深远。

4.4 欧美国家发展现代多式联运的阶段背景

现代多式联运是在各种运输方式不断发展、运输市场竞争环境发展变化的背景下产生的。早在19世纪30年代末，美国便出现了多式联运的萌芽，连接费城与匹兹堡的宾夕法尼亚运河建成，形成了包含水运和陆运在内的联运系统，驳船通过与马车、铁路开展联运实现人员和货物的便捷往来。但真正意义的现代多式联运，起源于20世纪20年代的美国。经历了半个世纪的波动发展，自20世纪90年代初开始，以1991年美国的“冰茶法案”和1992年欧共体《共同运输政策的未来发展》等为代表，欧美国家陆续颁布了一系列强力促进多式联运发展的相关政策，多式联运步入提升发展的新阶段。从发展核心逻辑来看，欧美国家多式联运发展有其特殊的背景和动因。

4.4.1 在各种运输方式发展相对成熟、形成了较为匹配的能力和结构之后，传统运输系统发展遇到效率与环境的瓶颈约束

欧美国家发展多式联运均在交通设施网络基本建成、各种运输方式市场

发育相对成熟之后。如20世纪90年代初，美国铁路营业里程近20万km，公路通车里程超过600万km，拥有专业化集装箱码头的港口近50个，大型运输机场超过500个，拥有一级铁路运营商14个，州际公路运输承运人20余万家，海运经营人1300多家，主要航空公司14家，多式联运营销企业400多家。交通基础设施已无明显短板，通道与枢纽能力充足、功能完善，各种运输方式基本形成符合各自技术经济特征的市场结构，各运输主体在放松管制的政策环境中跨界融合、发展壮大，货物在运输方式间的衔接中，既不会遇到设施能力制约，也不会遇到组织管理障碍，这成为开展多式联运全程服务的重要基础和前提条件。此时，美国大规模交通基础设施建设接近尾声，下一阶段发展重点如何转移成为新课题。

与此同时，以往交通发展模式产生的问题逐渐暴露，如重建设轻养护造成道路通行能力逐步下降，汽车迅猛增加造成日益严重的交通拥堵和环境污染，以及随着公路运输的快速发展，铁路、内河航运等运输方式出现衰落，交通运输系统效率难以进一步提升等。同样的问题也出现在欧洲，传统运输发展路径在发达国家开始遭遇瓶颈，这一点与我国当前情况有类似之处。这一问题在后边会提及。

4.4.2 需求格局和产业运行特征发生深刻变化，多式联运既是构建更高效运输系统的重要途径，也是顺应现代产业链和供应链组织的根本要求

欧美国家发展多式联运的根本目的是促进由各种运输方式组成的交通运输系统提高内部效率，减少负外部性，增强其对国家经济社会发展的支撑作用，多式联运发展不是目的，仅仅是实现目的的重要手段。从效果看，多式联运的发展也为相关国家带来显著的经济效益和社会效益，缓解了交通压力与资源、环境约束，提升了贸易、产业的国际竞争力。

货运需求是经济社会运行的派生需求，产业布局、结构、组织方式等在很大程度上决定了货运需求特征。美国是以城市群为中心、港口与腹地联动的“双岸经济带”产业布局，20世纪90年代起，以信息通信、生命科学、新材料、新型制造等为代表的新兴产业逐渐成为主导产业。欧洲工业带集中于西欧国家，先进制造业在产业体系中占据重要地位。欧美国家具有产业布局相对集中、产业集群关联紧密以及产品附加值较高等特点，产

业运行组织必然依赖高效的物流组织服务。反映在货运需求上，突出体现为空间跨度大、货物价值高、运输衔接强。欧美国家围绕标准化集装箱运输建立的一整套多式联运系统恰好契合这一需求，同时这一货运需求也在最大程度上支持了多式联运“干线规模化、支线灵活化”系统效率的充分发挥。例如，20 世纪 90 年代初，美国多式联运的平均货值约为铁路的 3 倍、水运的 4 倍，平均运距大约是铁路和水运的 1.5 倍、卡车运输的 6 倍多。近年来，包括多式联运在内的各种运输方式平均货值与运距日趋接近，反映出相互间替代效应增强。

美国“冰茶法案”前后主要传统产业与新兴产业情况如表 4-1 所示。

美国“冰茶法案”前后主要传统产业与新兴产业情况 表 4-1

行　业	产业（百万美元）		产业变化	增速（%）
	1988 年	1994 年		
化学制品	7391	6719	-672	-10.1
建筑设备	14138	12881	-1257	-8.9
计算机及辅助设备	62773	70550	7777	12.4
通信设备	33898	46980	13082	38.4
生物医药	40942	51298	10356	25.2

根据产业需求、运输需求以及运输供给格局的变化，欧美国家转变了交通投资与政策方向。美国出台了《综合地面运输及效率法案》，即“冰茶法案”（Intermodal Surface Transportation Efficiency Act of 1991），欧盟出台了以马可波罗计划（Macro Polo Programme）为代表的一系列可持续发展交通政策。“冰茶法案”是一个致力于建设高效、安全、环保的国家运输系统的综合性法案，发展多式联运是其中一项重要内容。马可波罗计划致力于优化运输结构，促进铁路、内河航运等绿色运输方式的发展，但这些方式难以独立完成全程运输，需要通过多式联运组织予以实现。

4.5 现代多式联运发展对货运枢纽的总体要求

多式联运作为一种高效运输组织方式，其核心本质是“组织”，是依托各种运输方式组织衔接，充分利用现代信息技术手段和服务业态创新，实现多式联运组织与供应链组织、产业链组织、价值链组织之间的标准化、全流程、一体化的匹配和衔接。枢纽是各种要素汇聚发散的节点，在货流、商流、资金流、信息流等交互运转中具有先天的组织优势。围绕“组织”实现枢纽要素组织与多式联运链式组织等精准对接，是货运枢纽与现代多式联运在经济运行层面的本质逻辑。

4.5.1 现代多式联运发展的组织要求

1）立足运输方式技术特征的跨方式运输组织

以交通基础设施网络为基础条件，立足各种运输方式技术经济特征和运行特点，突出各种运输方式运输组织的一体化衔接。重点按照多式联运一体化组织的要求，优化交通基础设施网络功能布局和设备装备配给，补足基础设施和技术装备发展短板，提升交通网络对多式联运组织衔接和服务的保障能力。

2）对接交通物流融合发展的供应链物流组织

打破交通运输与物流分割发展的思维逻辑以及制度性障碍和约束，围绕交通与物流深度融合，全面对接现代供应链物流组织要求和流程标准，调整优化我国多式联运的组织方式，以打通一体化运输服务链为根本，以更高质量更加充分发挥既有交通基础设施能力为重点，高效串接现代物流全链条，以多式联运效率提升带动全社会物流效率整体提升。

3）围绕支撑引领产业升级的产业链运行组织

遵循产业发展与货物运输派生互动的经济逻辑，围绕现代产业运行组织整体要求，特别是产业链上下游分工协作、产业跨区域梯度转移、产业转型升级以及产业集群化发展，突出多式联运组织与现代产业链运行组织间的精准对接，以多式联运组织效率提升为根本，更好地发挥交通运输对现代产业发展的基础性、纽带性、服务性作用，有效降低经济运行成本，支撑和引领产业转型升级和跨区域梯度转移。

4）着眼全球竞争优势培育的价值链分工组织

围绕国际产业分工合作运行组织，特别是海陆双向开发开放经济合作下的资源要素聚集组织，依托通达全球的国际多式联运组织，提高全球化服务的可达性和延伸性，通过高效的国内多式联运组织，促进资源要素低成本、高效率、便捷化流动，有效提高产业整体运行效率和竞争优势。同时，围绕国际国内多式联运系统发展，进行立足自身资源禀赋的产业聚集化、集群化发展，突出围绕全球价值链协作的产业分工和布局调整，逐步影响国际物流与贸易新规则的构筑，提升全球价值链分工中的位势和能级。

4.5.2　货运枢纽对现代多式联运发展的作用

货运枢纽是货物运输作业组织的节点，是衔接多种或单一运输方式、实现货物换装分拨的转运中心，具有很强的要素聚集辐射功能。货运枢纽是实现多式联运的组织手段和核心抓手，其作为物资分拨转运中心，既是货物换装联运的作业场所，更是货流、车船流、信息流、资金流等汇聚组织的平台，是优化运输组织流程的重要策源地。要求在传统通道、转运设施设备布局同时，融合现代信息技术、金融以及口岸等功能，配套布局信息、金融、商事、通关等综合服务系统。

从实践经验来看，不同层级、不同类型、不同发展阶段的货运枢纽对多式联运的发展作用不尽相同，但在多式联运运营网络形成、组织功能的再造和业态创新等方面具有不可替代的作用。

货运枢纽与多式联运的逻辑关系如图 4-7 所示。

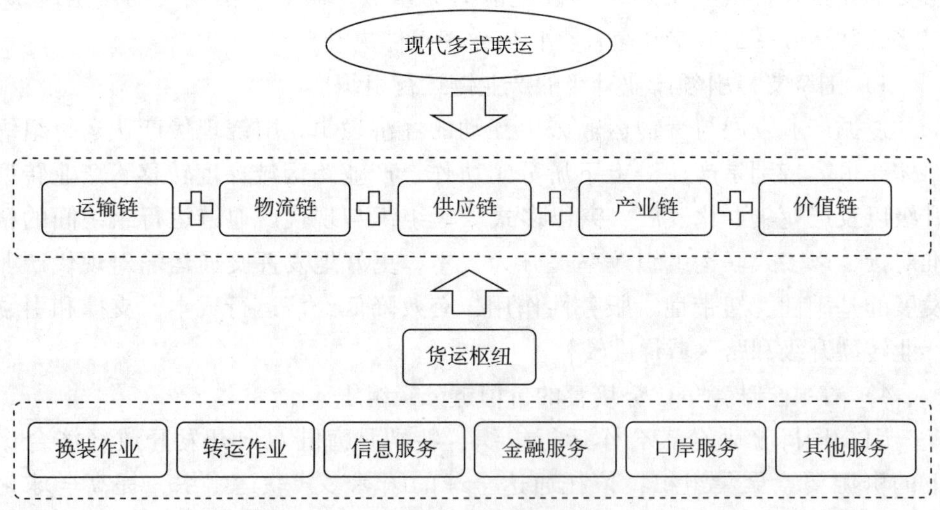

图 4-7　货运枢纽与多式联运的逻辑关系

1）承载多式联运转运作业的基础平台

从多式联运操作流程上看，货运枢纽的作用体现在有形的操作和无形的组织两个层面。从有形的操作看，涉及货物或运载单元（集装箱）的中转换装、空箱调运、拼装箱、场内倒运等，都需要具备一定区位交通、操作效率或成本优势的空间载体来完成。从无形的组织看，一方面，货运枢纽内的流程组织的有效性直接决定多式联运全链条操作效率和成本，另一方面，涉及多式联运经营人所操作的事项，如托运申请确定、报关报检、提单单证处理、保险、全程监控等，均表现为无形的服务和组织，需要依附枢纽而形成。

2）拓展多式联运运营网络的核心节点

多式联运运营网络的形成，首先源自在运输需求和要素聚集地区形成了不同层级的货运枢纽，而后货物在枢纽之间运输进而形成联运通道，最终以货运枢纽为锚、以联运通道为线，织就多式联运经营网络。按照辐射范围，货运枢纽一般可分为国际性、全国性、区域性、地区性等不同层级。

国际性枢纽需要实现有形操作和无形的组织，尤其是跨国境联运运输组织的结合。在枢纽内，一般配备先进的装卸、存储、转运及其他辅助设施，通关一体化环境良好，外部集疏运通道衔接顺畅，内部路网布局合理，各种运输方式的技术经济特征能在枢纽内得到充分发挥，进而实现一体化衔接和组织效率的提升。

全国性、区域性枢纽在有形操作和无形组织方面实现的功能与国际性枢纽基本一致，区别仅在于程度有所不同，两者均要求具备大能力以及高效的中转设施，实现的功能主要包括国内的中转分拨，如拆拼箱、集货分拨等，以及与国际性枢纽的对接，所不同的是全国性枢纽重点服务于国家“四大板块”，包括东部地区、西部地区、中部地区、东北地区之间的经济贸易交流，而区域性枢纽重点服务于城市群和核心枢纽城市。地区性枢纽的作用则主要作为中转站建设，完成联运中的基本有形操作。此外，还有部分口岸型枢纽。

3）牵引供应链产业链组织的策源中心

传统经济发展环境与形势下，多式联运的组织衔接以及多式联运经营人的集聚多围绕枢纽展开。这是由于在信息化等手段还未普及时，临近枢纽将有助于及时协调单证和货物流转中出现的问题。因此，在枢纽内布局或围绕枢纽发展就成为多式联运经营人的合理选择。此外，多式联运代理人多承担无形的组织功能，其对货源的组织集聚，客观上产生实体操作的规模效应，能最大限度利用中转设施，从而使得全链条的处理成本降低和效率提升，进而促进多式联运经营人进一步在枢纽形成集聚。因此，早期的枢纽天然地承担着有形操作和无形组织双重功能。

后来，随着信息化技术的革新，以及机械化、自动化水平的不断提升，多式联运中有形的操作和无形的组织在空间上开始有所分离，有形的操作和无形组织不拘泥于在同一场合。由此，多式联运代理人基于贴近市场、品牌、租金成本、市场竞争等因素的考虑，向枢纽之外迁移，其组织功能也随之迁移，枢纽承担的功能则主要集中于按照经营人的组织指令进行有形操作。

总体而言，在发展初期，当信息化技术手段应用不顺畅、多式联运经营人处于培育发展期，需要利用有形操作的规模效应提高效率和降低成本时，枢纽对多式联运的发展承担着有形操作和无形组织的双重作用。而随着信息化技术、多式联运经营人发展成熟，市场竞争激烈程度加剧，有形操作和无形组织在空间上分离，成为多式联运运营组织的一种新形态。可以说，货运枢纽不仅是货物运输的“作业中心”，而且是对接物流链、供应链、产业链、价值链的资源要素“组织中心”和“配置中心”。

综上，多式联运与经济社会深度融合下货运枢纽的功能拓展如图 4-8 所示。

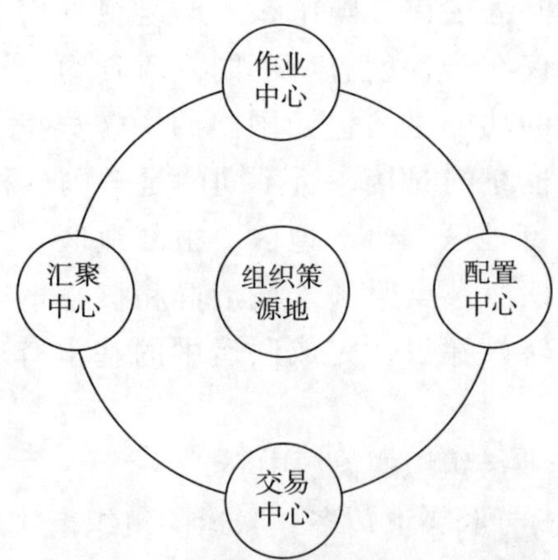

图 4-8　多式联运与经济社会深度融合下货运枢纽的功能拓展

4.5.3　多式联运发展对货运枢纽的功能要求

1）立足运输功能，全面提升衔接各种运输方式的能力与品质

多式联运的基本功能是运输功能，是根据实际运输需求，充分利用各种运输方式技术优势，实现多种运输方式无缝化、一体化、全程化的高效运输组织，这就要求作为重要组织节点的货运枢纽，更好地发挥各种运输方式的衔接以及货物中转倒装等运输功能。围绕大宗物资、集装化货物和特种货物三大联运系统，强化货运枢纽在国内的整体布局，完善枢纽内部设施布局与功能区规划。

2）围绕链式融合，着力拓展货运枢纽整合资源要素的平台功能

现代多式联运的核心是“组织”，要求货运枢纽的发展从供给和需求两端发力，围绕多式联运对区域发展空间拓展、产业布局调整、经济转型升级和运行模式变迁等的支撑和引领作用，以“组织”对接为核心，充分利用现代信息技术手段和服务业态创新，在推进各种运输方式组织衔接的基础上，依托枢纽促进多式联运组织与供应链组织、产业链组织、价值链组织之间标准化、全流程、一体化的匹配和衔接。

3）融合组织链条，构筑围绕货运枢纽的多式联运产业生态圈

多式联运是货物从起点到终点的全程运输组织方式，在这一过程中，需要众多经营主体深度融合到多式联运的组织链条中。同时，由于货运枢纽具有载体和平台的作用，现实中很多货运枢纽以综合性物流园区或产业园区形态呈现，因此，围绕产业链分工的产业聚集，强化货运枢纽、物流园区与关联产业，特别是产业园区、工业园区联动发展，打造多式联运产业生态圈，是经济社会以及多式联运发展对货运枢纽的重要要求。

4）着眼规则重塑，构建拓展国家区域发展新空间的战略支点

从战略层面看，多式联运的核心价值在于深度影响要素跨区域流动，形成空间聚集与辐射，打造系统化产业组织优势和服务衍生优势，提升国家整体竞争实力，同时主导交货方式和结算规则，重构国际物流及经贸运行规则。因此，从支撑联运发展以及国家整体经济发展和空间拓展的角度，更多的是要发挥货运枢纽的战略支点作用，尤其对于我国而言，更需要发挥货运枢纽对以“一带一路”为支撑的全方位对外开放体制构建的战略支点作用。

4.6 我国多式联运和货运枢纽发展情况与问题

我国很早就关注多式联运发展，近年来随着交通基础设施网络快步建设，我国多式联运发展条件不断改善，多式联运服务能力和水平大幅提升。同时，货运枢纽整体发展也取得明显进展。但总体来看，货运枢纽与多式联运之间的逻辑关联还不紧密，存在诸多问题有待深入研究和解决。

4.6.1 我国多式联运发展情况

1）开展多式联运设施条件大幅改善

基本形成以“五纵五横”综合运输大通道为主骨架的综合交通网络，交通设施水平步入世界先进国家行列，运输能力大幅提升，为各种运输方式发挥各自优势、分工协作、一体衔接奠定了坚实基础。截至2015年年底，我国综合交通网络总里程已经接近500万km（不含航空线路和远洋航线）；铁路营业里程12.1万km，其中高速铁路1.9万km；公路通车里程458万km，其中高速公路12.4万km；内河航道通航里程12.7万km，其中三级以上航道1.15万km。高速铁路、高速公路、内河通航里程均位居世界第一位，铁路总里程和公路总里程均位列世界第二位。长江黄金水道年货运能力超过21亿吨，约为密西西比河的4倍、莱茵河的10倍，货运量已经连续11年稳居世界第一位。

2）多式联运技术装备水平明显提高

近年来通过引进、吸收、自主创新和集成创新，我国多式联运装备和设备技术水平得到了明显提高。截至2015年年底，全国铁路专用货车72.3万辆；公路载货汽车1389.2万辆，其中专用载货汽车48.4万辆；各类运输船舶16.6万艘；运输飞机2650架，其中专业货机超过100架。以煤炭铁海联运为代表，形成了一套包括铁路重载运输、港口专业化装卸等在内的较为成熟的装备、设备和转运技术体系，大秦、朔黄等铁路运煤专线开行的重载列车单列运载能力已超过2.5万吨，围绕秦皇岛、唐山、黄骅等重要煤炭下水港口专业化泊位配套的翻车机装卸设备、工艺基本成熟，装卸效率达8000～10000t/h，位居世界前列。对标国际集装箱运输规则和标准，以水运特别是远洋运输为重点，形成了门类齐全的集装箱运输工具、设备以及装卸技术工艺系统。目前，我国已拥有世界先进水平的海运集装箱船队，截至2015年年底，全国运输船舶的集装箱箱位达到260.4万标准箱，其中远洋船舶箱位180万标准箱，占70%左右。中国远洋海运集团集装箱班轮运力占全球班轮总运力的10%左右。我国已成为世界最大的集装箱生产基地。自1993年起，我国集装箱年产量已连续23年位居世界第一位，约占全球总产量的96%。

3）多式联运服务供给能力显著增强

首先，联运服务能力规模明显扩大。2015年我国全社会完成货运量417亿吨，货物周转量177400.7亿吨公里，分别是1978年的16.5倍和17.7倍，是2010年的1.26倍和1.22倍。全国港口完成货物吞吐量127.5亿吨，其中沿海港口81.5亿吨、内河港口46.0亿吨，分别为2010年的1.43倍、1.39倍和1.45倍。港口外贸货物吞吐量36.6亿吨，集装箱吞吐量2.12亿标准箱，分别是2010年的1.46倍和1.45倍，其中沿海港口1.89亿标准箱，占比89.2%。

目前我国还没有专门的多式联运数据统计，只能根据调研情况以及全国货物运输整体情况和港口情况予以推算。在既有各类货运统计数据中，港口吞吐量对于联运发展情况的反映最具代表性。港口吞吐量中除部分通过水水中转外，其余都通过铁路、公路集疏运，即都通过多式联运予以实现。其中，港口的煤炭、矿石等大宗散货主要通过铁路集散，如唐山港、连云港港、秦皇岛港等大宗散货铁水联运量超过40%。港口集装箱主要通过公路集疏运，比例超过84%，其次为水水中转，铁水联运比例不足3%。2015年，我国集装箱铁水联运量约为250万标准箱，比2010年增长80%左右。

近年来我国港口货物吞吐量和港口集装箱吞吐量如图4-9、图4-10所示，铁公水合计集装箱运输量如图4-11所示，主要港口集装箱铁水联运量如表4-2所示。

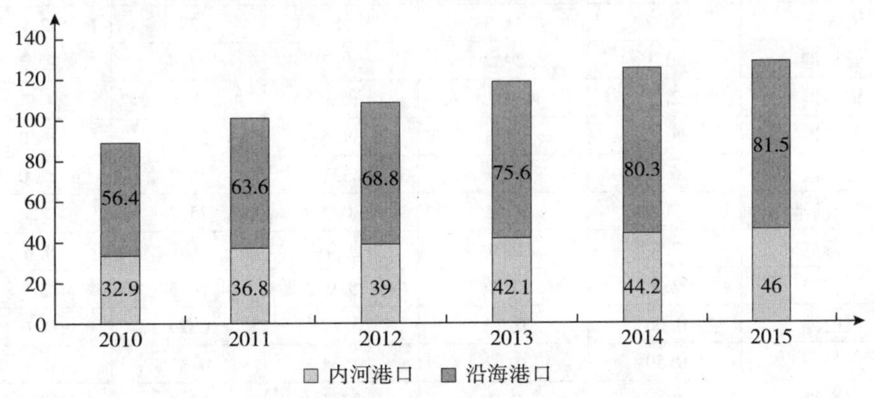

图4-9 近年来我国港口货物吞吐量变化（单位：万吨）

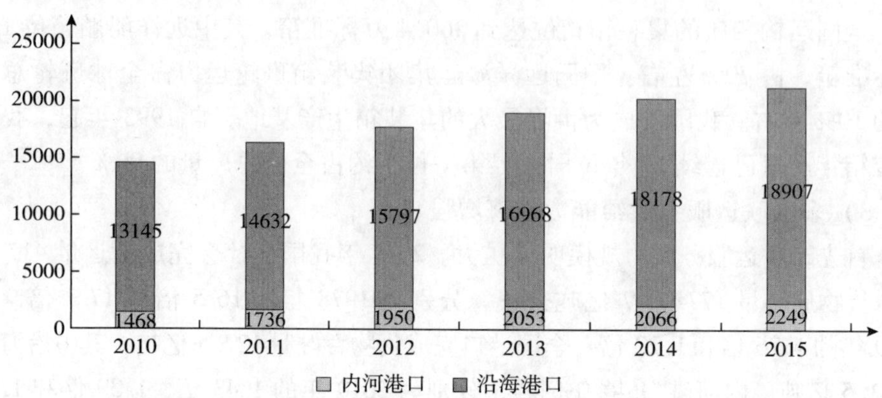

图 4-10　近年来我国港口集装箱吞吐量变化（单位：万标准箱）

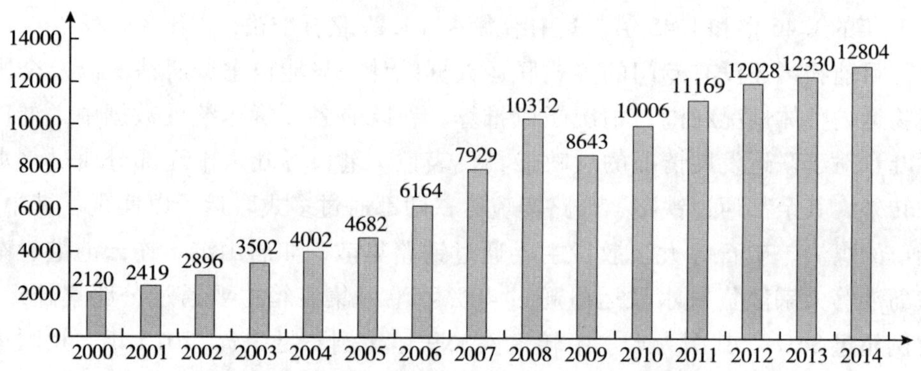

图 4-11　近年来我国铁公水合计集装箱运输量（单位：万标准箱）

近年来我国主要港口集装箱铁水联运量（单位：万标准箱）　表 4-2

港　口	2010 年	2011 年	2012 年	2013 年	2014 年
大连港	29.2	31.3	38	29	32.2
营口港	30.1	29.2	30.2	32.4	40.2
锦州港	2.3	0.4	0.6	2.7	4.9
天津港	20.2	26.4	34.6	26.9	26.0
青岛港	6.8	19.1	23.1	25.7	22.0
连云港港	23.0	27.5	30.3	25.7	22
上海港	7.2	2.6	3.4	0.6	0.6
宁波港	2.8	4.7	5.9	10.5	13.5
厦门港	0.06	0.92	0.77	0.74	0.1
广州港	0.59	0.67	0.54	0.31	0.4
深圳港	9.6	9.7	13.5	14.8	17.2

续上表

港　口	2010 年	2011 年	2012 年	2013 年	2014 年
湛江港	3.6	5.7	6.6	4.7	8.6
北部湾港	5.7	7.9	8.7	9.7	21.6
泸州港	—	—	—	0.3	1.1
合计	141.1	166.0	196.2	166.8	210.4
六条示范线合计	91.6	118.67	145.4	115.3	132.9
六条示范线占全国比例（%）	64.92	71.48	74.13	69.12	63.16

数据来源：中国宏观经济研究院 2016 年院重点课题《我国多式联运系统建设与发展研究》

其次，多样化服务质量水平不断提高。围绕不同货种货类以及客户需要，我国初步构建以集装箱、大宗物资等为主的多门类多式联运服务体系，大宗物资多式联运服务能力增强。根据我国产业格局和物资生产消费情况，初步形成了围绕煤炭的“西煤东运、北煤南运”海铁联运系统以及粮食、进口矿石等铁水、公水等联运方式，运输能力明显增强。集装箱多式联运服务加快发展。20 世纪末期以来，我国一直将集装箱多式联运作为发展重点，步入 21 世纪以来，更是加大集装箱铁水联运推进工作。2011 年 5 月，交通运输部与原铁道部签署《关于共同推进铁水联运发展的合作协议》，建立铁水联运合作机制，选定了大连—东北地区、天津—华北西北地区、青岛—郑州及陇海线沿线地区、宁波—华东地区、深圳—华南西南地区、连云港—阿拉山口沿线地区等 8 条集装箱铁水联运示范通道，取得一定成效。近年来，我国公路、水路、铁路集装箱运输量如图 4-12 ~ 图 4-14 所示。

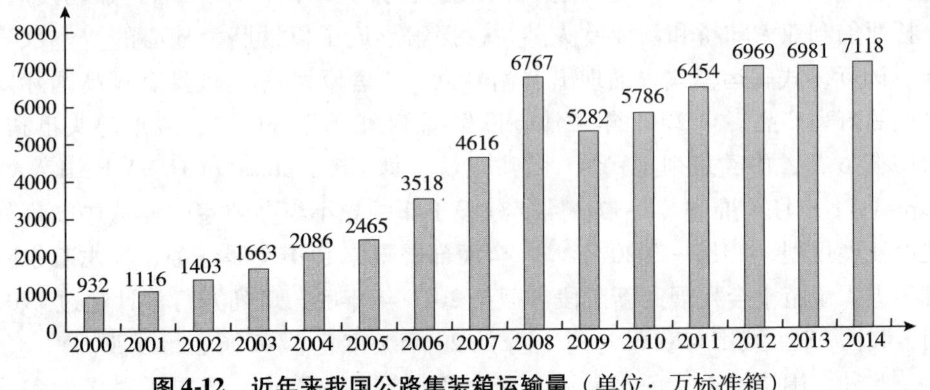

图 4-12　近年来我国公路集装箱运输量（单位：万标准箱）

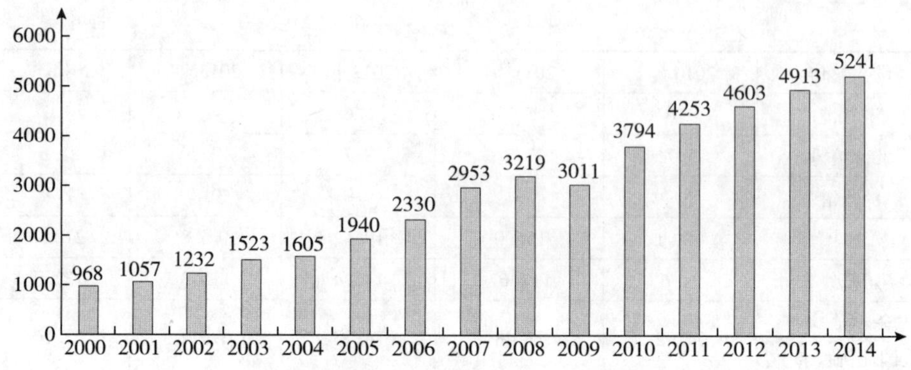

图 4-13　近年来我国水路集装箱运输量（单位：万标准箱）

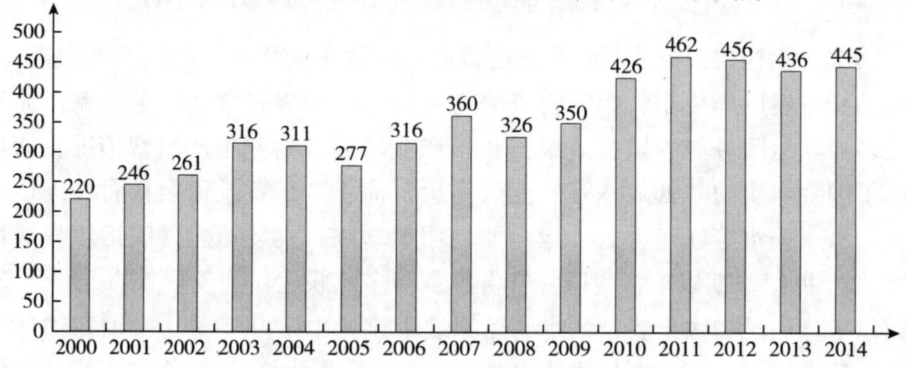

图 4-14　近年来我国铁路集装箱运输量（单位：万标准箱）

再次，国际便利化联运水平提升。具有口岸功能的地区不断提升传统进出口贸易运输和跨境运输服务能力，强化联运服务与海关、检验检疫、信息、金融等配套服务整合发展，国际多式联运“一条龙”服务能力和质量显著增强。特别值得一提的是以中欧班列为代表的陆路国际联运蓬勃发展。依托西伯利亚大陆桥和新亚欧大陆桥，探索形成了以铁路为核心的“中欧班列”国际多式联运模式，涌现出“渝新欧”“蓉欧”等一批具有较高国际知名度的班列产品。自 2011 年“渝新欧”首列班列开行以来，发展势头迅猛。2016 年 6 月，中欧班列正式统一品牌名称，即 CR express（CHINA RAILWAY Express）；9 月，推进“一带一路”建设工作领导小组办公室印发《中欧班列建设发展规划（2016—2020 年）》，全面部署未来 5 年发展任务，标志着中欧班列进入规范整合发展的新阶段。截至 2016 年年底，班列开行累计超过 1700 列，我国 28 个城市与欧洲 11 个国家的 29 个城市建立 46 条运行线路。

此外，围绕冷链、危险品以及汽车整车等运输需求，形成了对应的多式联运供给，多样化服务水平不断提升。

4）新型多式联运模式业态不断涌现

首先，以快递等为代表的全程组织模式逐步推广。随着电商、网购快速发展，以顺丰、“四通一达”（圆通、申通、中通、百世汇通、韵达）以及京东、菜鸟等为代表的快递物流和电商企业，以及中远、招商局等多式联运承运人，围绕现代全程物流服务质量提升，整合各种运输资源，强化多式联运全链条组织方案模式探索。以顺丰集团为例，其大力整合公路、航空等资源，创新多式联运服务模式，截至 2015 年年底，拥有 30 架自有货机、1.5 万辆营运汽车，在全国范围拥有 1.3 万个营业网点，依托深圳、杭州两大枢纽机场，构筑覆盖全国、通达全球的空公联运网络。目前，顺丰集团与湖北省合作共建的我国第一个以货运为主的专业化机构正在顺利推进。

其次，互联网下的供应链整合与延伸性组织模式逐步兴起。近年来，传统运输企业、商贸流通企业以及互联网企业间的跨界整合趋势明显，涌现出一批依托现代信息技术和多式联运组织，协同整合供应链上下游的跨界多式联运企业以及组织平台，如怡亚通、传化、卡行天下等，有效拓展了多式联运服务范围，在提供“一单到底”运输服务的同时，聚合品牌企业、物流商、金融机构、增值服务商等关联企业，打造跨界融合、平台共享、共融共生的 O2O 供应链商业生态圈，提供通关结算、供销匹配、商品选揽等一揽子系统解决方案。如怡亚通“五位一体”供应链体系如图 4-15 所示，传化公路港网络信息平台如图 4-16 所示。

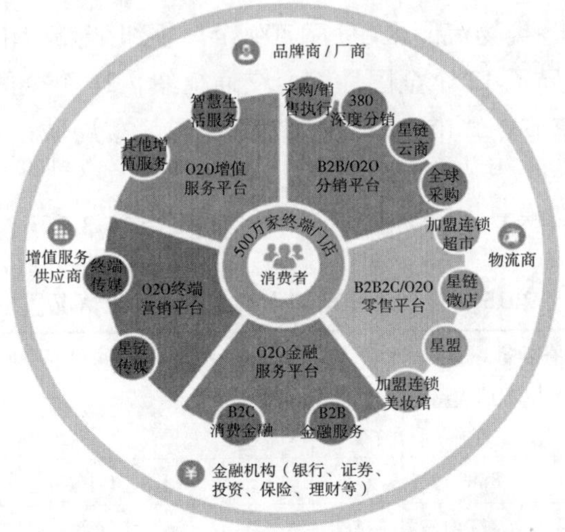

图 4-15　怡亚通“五位一体”供应链体系

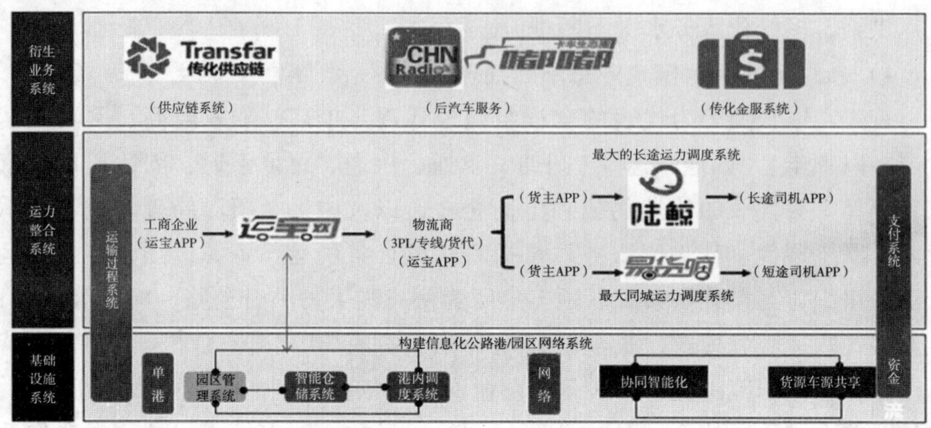

图 4-16　传化公路港网络信息平台

4.6.2　我国货运枢纽发展情况

1）货运枢纽规模明显扩大

目前，我国港口拥有万吨级及以上泊位 2221 个，其中专业化泊位 1173 个、现代化集装箱专业泊位 325 个。货物吞吐量过亿吨的港口超过 30 个，集装箱吞吐量过 100 万 TEU 的港口超过 22 个，全球货物吞吐量和集装箱吞吐量前十位的港口中，我国分别占据 7 席，其中宁波舟山港货物吞吐量、上海港集装箱吞吐量均位居世界第一位。民用运输机场 210 个。具有货运办理能力的铁路站 2400 多个，其中集装箱办理站 663 个。各类公路货场 3000 多个，运营、在建和规划的各类物流园区超过 1200 个。枢纽节点城市方面，在国家交通和物流网络上布局了 42 个全国性综合交通枢纽，21 个全国性物流节点城市和 17 个区域性物流节点城市，29 个一级物流园区布局城市和 70 个二级物流园区布局城市等。

2015 年全球港口前二十位港口吞吐量情况如表 4-3 所示。

2015 年全球港口前二十位港口吞吐量情况　　表 4-3

货物总吞吐量				集装箱吞吐量			
排名	名　称	2015 年量（万吨）	增速（%）	排名	名　称	2015 年量（万 TEU）	增速（%）
1	宁波舟山（中）	88896	1.8	1	上海（中）	3654	3.5
2	上海（中）	71740	-5.0	2	新加坡（新）	3092	-8.7

续上表

货物总吞吐量				集装箱吞吐量			
排名	名　称	2015 年量（万吨）	增速（%）	排名	名　称	2015 年量（万 TEU）	增速（%）
3	新加坡（新）	57585	−1.1	3	深圳（中）	2421	1.0
4	天津（中）	54100	0.2	4	宁波舟山（中）	2063	6.0
5	苏州（中）	54000	12.7	5	中国香港（中）	2011	−9.7
6	广州（中）	50053	3.8	6	釜山（韩）	1943	4.0
7	青岛（中）	50000	4.8	7	广州（中）	1759	5.9
8	唐山（中）	49285	−1.6	8	青岛（中）	1743	0.6
9	鹿特丹（荷）	46636	4.9	9	迪拜（阿）	1559	2.2
10	黑德兰（澳）	44692	6.1	10	天津（中）	1411	0.4
11	大连（中）	41482	−2.0	11	鹿特丹（荷）	1223	−0.5
12	釜山（韩）	35968	3.8	12	巴生（马）	1189	8.6
13	营口（中）	33849	1.3	13	高雄（中）	1026	−3.1
14	日照（中）	33707	0.6	14	安特卫普（比）	965	−6.7
15	南路易斯安纳（美）	29276	0.3	15	大连（中）	945	−6.7
16	光阳（韩）	27201	7.4	16	厦门（中）	918	7.2
17	中国香港（中）	25656	−13.8	17	丹戎帕拉帕斯(马)	910	19.7
18	秦皇岛（中）	25309	−7.6	18	汉堡（德）	880	−9.6
19	烟台（中）	25000	5.2	19	洛杉矶（美）	816	−2.2
20	巴生（马）	21984	1.2	20	长滩（美）	719	5.5

资料来源：中国港口协会。

2）货运枢纽集疏运条件不断提高

围绕重要港口、铁路站场、机场、公路场站等，强化站场集疏运网络建设和站场间高效衔接，形成一批具有海铁、公铁等联运功能的综合货运枢纽。以港口为例，目前我国沿海主要港口中多数具备集装箱铁水联运设施。铁路部门统计的29个主要沿海港口中，7个港口站距码头距离在300m以内，可通过轮胎吊等装卸设备，实现水运与铁路的无缝衔接；20个港口站距码头距离在500m～8km之间，需使用拖车短驳；2个港口站距码头距离在10km以上，须使用集卡进行较长距离运输。同时，随着长江经济带等建设推进，沿长江主要港口，如重庆港、南京港、泸州港等，大都已实现或即将实现铁路直通港口，为铁水联运发展提供了良好的基础和条件。我国主要沿海港口与集装箱港站衔接情况如表4-4所示。

我国主要沿海港口与集装箱港站衔接情况　　表4-4

港口名称	接轨车站	铁路专用线名称	距码头距离（m）	分　类
营口港	鲅鱼圈北	营口港务集团有限公司专用线（港站：鲅鱼圈港）	2900	B 汽车短驳
大连港	金港	货场	6000	B 汽车短驳
		大连港股份有限公司专用铁路（港站：大窑湾港）	1700	B 汽车短驳
锦州港	高桥镇	锦州高天铁路有限责任公司专用铁路	1000	B 汽车短驳
天津港	新港	天津港保税区津铁新港站集装箱运输中心专用线	7800	B 汽车短驳
		天津港物流发展有限公司（物捷三）专用线	5300	B 汽车短驳
		天津港物流发展有限公司（中材）专用线	5500	B 汽车短驳
		天津华铁隆津泰储运有限公司专用线	5200	B 汽车短驳
		天津港集装箱码头有限公司（货场堆场）专用线	5100	B 汽车短驳
		中储发展股份有限公司天津新港分公司专用线	5200	B 汽车短驳
		天津中外运集装箱发展有限公司专用线	5600	B 汽车短驳
秦皇岛港	秦皇岛南	秦皇岛港股份有限公司专用铁路	300	A 无缝衔接
青岛港	黄岛	青岛港（集团）有限公司物流分公司专用铁路	500	B 汽车短驳
	青岛	青岛港（集团）有限公司大港分公司专用线	100	A 无缝衔接
日照港	日照	日照港集团有限公司专用铁路	2000	B 汽车短驳
宁波—北仑港	北仑	宁波港铁路有限公司北仑港区站专用铁路（港站：北仑港站）	23000	C 长距离运输
连云港港	墟沟北	连云港港口集团铁路运输公司专用铁路（港站：连云港港口）	100	A 无缝衔接
上海港	何家湾	上海国际港务（集团）股份有限公司军工路分公司专用铁路	100	A 无缝衔接

续上表

港口名称	接轨车站	铁路专用线名称	距码头距离（m）	分　类
上海洋山港	芦潮港	货场	44000	C 长距离运输
厦门港	厦门高崎	厦门港务发展股份有限公司东渡分公司专用线	200	A 无缝衔接
盐田港	平湖南	深圳平盐海铁联运有限公司	1000	B 汽车短驳
蛇口港	蛇口站	货场	2000	B 汽车短驳
广州黄埔港	黄埔	广州港股份有限公司黄埔港务分公司专用线	800	B 汽车短驳
		广州市黄埔粤华货运联合有限公司专用线	4000	B 汽车短驳
广州港	下元	广州港股份有限公司铁路分公司专用铁路	100	A 无缝衔接
北海港	北海	北海港股份有限公司专用线	2000	B 汽车短驳
防城港港	防城港	防城港务集团有限公司专用铁路	5000	B 汽车短驳
钦州港	钦州港	钦州市港口（集团）有限责任公司专用线	4000	B 汽车短驳
湛江港	湛江港	湛江港（集团）股份有限公司专用铁路	300	A 无缝衔接

资料来源：交通运输部水运科学研究院、中国铁路经济规划研究院《促进集装箱铁水联运的政策研究》，2016.

3）枢纽专业设备及信息化水平显著增强

各类枢纽站场内部的专业化装卸、搬运等设备规模水平不断提高。截至2015年年底，全国规模以上港口装卸机械合计66888台，其中起重机械14766台、输送机械10866台、装卸搬运机械20866台。同时，现代信息技术在枢纽场站广泛应用，智慧港口等新一代枢纽建设加快推进，自动化码头在厦门已投入使用，实现无人化货物操作。以集成车辆、货物等资源于一体的各类信息平台建设加快，不同运输方式间的信息互联互通水平明显提高，港口与铁路信息共享取得突破。

4）多式联运及枢纽政策支持力度进一步加强

近年来，国家十分重视对多式联运以及货运枢纽发展的政策支持力度。国务院办公厅、国家发展改革委、交通运输部、中国铁路总公司、商务部等部门和单位先后印发《关于开展多式联运示范工程的通知》《营造良好市场环境推动交通物流融合发展实施方案》《关于进一步鼓励开展多式联运工作的通知》《“十三五”长江经济带港口多式联运建设实施方案》《“十三五”铁路集装箱多式联运发展规划》等政策文件，旨在更好地推动多式联运以及货运枢纽发展。

专栏4-1　第一批多式联运示范工程项目名单

1. 驮背运输（公铁联运）示范工程

牵头企业：中铁特货运输有限责任公司。联合企业：北京驮丰高新科技股份有限公司、中车齐齐哈尔车辆有限公司、中国邮政集团公司。

2. 河北省“东部沿海—京津冀—西北”通道集装箱海铁公多式联运示范工程

牵头企业：唐山港集团股份有限公司。联合企业：唐山港国际集装箱码头有限公司、上海合德国际物流有限公司。

3. 大连东北亚国际航运中心“亚太—东北地区”通道集装箱海铁公多式联运示范工程

牵头企业：大连港集装箱发展有限公司。联合企业：大连铁越集团有限公司。

4. 辽宁省“东南沿海—营口—欧洲”通道集装箱公铁水联运示范工程

牵头企业：营口港务集团有限公司、辽宁沈哈红运物流有限公司。联合企业：沈阳铁路局、哈尔滨铁路局、辽宁红运物流（集团）有限公司。

5. 江苏省新亚欧大陆桥集装箱多式联运示范工程

牵头企业：连云港港口控股集团有限公司。联合企业：上海铁路局。

6. “宁波舟山港—浙赣湘（渝川）”集装箱海铁公多式联运示范工程

牵头企业：宁波港股份有限公司。联合企业：上海铁路局、浙江中外运有限公司、中远国际货运有限公司、中海集装箱运输股份有限公司、中铁联合国际集装箱有限公司。

7. 青岛“一带一路”跨境集装箱海铁公多式联运示范工程

牵头企业：青岛港（集团）有限公司、中铁联合国际集装箱有限公司青岛分公司。联合企业：中国外运山东有限公司、山东陆桥国际货运代理有限公司。

8. 河南省郑欧国际货运班列“一干三支”铁海公多式联运示范工程

牵头企业：郑州国际陆港开发建设有限公司。

9. 湖北省武汉市推进“一带一路、长江经济带战略”集装箱铁水联运示范工程

牵头企业：武汉港航发展集团有限公司。联合企业：武汉铁路局。

10. 中外运（广东）“东盟—广东—欧洲”公铁海河多式联运示范工程

牵头企业：中国外运广东有限公司、东莞中外运物流有限公司。

11. 贯通欧亚大陆的公铁联运冷链物流通道示范工程

牵头企业：中铁铁龙集装箱物流股份有限公司。联合企业：南宁震洋物流有限公司、南宁铁路局。

12. 重庆市渝新欧多式联运示范工程

牵头企业：重庆交通运输控股（集团）有限公司。

13. 四川省成都国际铁路港集装箱铁公水多式联运示范工程

牵头企业：成都国际陆港运营有限公司。联合企业：四川泸州港务有限责任公司

14. 云南省“昆明—东南亚、长江经济带、广西北部湾”一心三支“点轴辐射型”集装箱公铁海多式联运示范工程

牵头企业：云南腾晋物流股份有限公司。

15. 兰州南亚国际班列公铁联运示范工程

牵头企业：兰州国际港务区投资开发有限公司。联合企业：甘肃凯达国际货运代理服务有限公司、兰州金轮实业有限责任公司。

16. 新疆生产建设兵团丝绸之路国际多式联运示范工程

牵头企业：新疆联宇投资有限公司。联合企业：新疆中欧联合物流有限公司、山东临新欧国际物流有限公司、河南林德国际物流有限公司。

4.6.3 支撑多式联运发展的货运枢纽存在的主要问题

1）货运枢纽与多式联运发展政策精准性不足，部门化和碎片化问题突出

货运枢纽与多式联运关系认识不清晰，彼此发展缺乏统筹。货运枢纽建设发展与多式联运组织运行彼此割裂，推动货运枢纽、多式联运以及产业与经济发展的几股力量尚未形成合力。一方面，货运枢纽整体发展和配套布局没有充分考虑多式联运高效组织、合理分工、有机衔接等需要。另一方面，基于过去经济产业背景和整体环境，传统模式下的多式联运发展效能有限，难以对作为重要支撑节点的货运枢纽布局与系统发展提出有效需求和明确要求。因此，由于发展理念尚不清晰，很多支持多式联运以及支持货运枢纽的政策与实际情况不符，甚至部分政策存在矛盾和相悖。此外，货运枢纽在分级分类、规划布局、标准规范、政策保障等方面缺乏统一规定，亟待进一步完善。

2）枢纽发展总体滞后，布局结构不完善，一体衔接亟待提升

首先，货运枢纽缺乏系统规划，枢纽发展缺乏系统性，层级功能不清晰，整体布局不完善，真正能够有效服务现代多式联运跨区域协同联动的货运枢纽十分有限。特别是枢纽在结构层级划分，以及空间上和区位上的布局仍不合理，面向全方位对外开放的境外国际性枢纽支点缺乏。

其次，枢纽站场设施配套不完善，衔接不顺畅、信息不互通、技术装备水平不高，符合多式联运作业条件和流程要求的综合性货运枢纽整体短缺。很多港口疏港铁路配套薄弱，铁路货场能力不足，公路货站和物流园区功能单一，依托港口和铁路站场规划建设的物流园区仅占11%，具备多式联运转运功能的不足20%。

3）枢纽尚未真正融入多式联运运行链条，组织功能缺失，联动融合不足

枢纽经营企业与多式联运企业关联不紧密，很少从产业聚集、供应链拓展以及现代多式联运组织等角度整体谋划，更多围绕具体运输作业，盲目强调枢纽规模扩张、设施更新等，产业贸易融合不足，铁路货场“车间化”、公路货场及物流园区“地产化”、港口“作业化”问题突出，枢纽组织策源功能基本丧失。铁路货场货站不算真正市场主体，只是铁路系统“车间”，难以按照现代多式联运组织要求，独立运营发展。公路货场和物流园区“地产开发”现象突出，很少关注真正的运输组织运行。港口更多

关注物资装卸作业，很少从有效串接运输链、物流链以及供应链角度系统考虑整体效能发挥。而且，发展中过多强调单体货运枢纽作用，对枢纽间分工协作考虑欠缺，特别是内陆港发展不足。过多强调新建枢纽作用，对既有枢纽潜力挖掘考虑有限。

5 融合视角下的综合交通枢纽规划理论与方法

科学适用的规划理论与方法是指导综合交通枢纽布局建设以及健康持续发展的前提基础。近年来，国际社会十分重视综合交通枢纽发展，学术界特别是国内学术界主动顺应新的环境形势变化，深刻把握综合交通枢纽发展本质规律，针对当前我国综合交通枢纽规划体系尚不完善等客观实际，积极探索，拓展视野，不断丰富和完善符合我国国情特点的综合交通枢纽的规划理论和方法，以期尽快形成有效的方法论体系，更好指导新空间拓展和新动能培育形势下我国综合交通枢纽系统化发展。当前我国综合交通枢纽已经步入新一轮代际更替的战略机遇期，转型升级、联动融合趋势明显，加快研究完善符合当前时代特点和发展趋势的综合交通枢纽规划理论与方法意义重大。为此，本章做了一定探索，在系统梳理国内外综合交通枢纽既有规划理论、方法以及国内相关规划和政策的基础上，结合新的环境形势与发展要求，研究提出了我国综合交通枢纽规划体系框架以及宏中观层级的枢纽节点布局方法，并选择新疆、湖南等中西部具有一定代表性的省区作为案例，对综合交通枢纽节点布局层级划分方法进行实证分析。

5.1 综合交通枢纽规划既有理论及主要观点

国内外学术界和实践者关于综合交通枢纽发展十分关注，围绕枢纽布局建设发展积极研究探索，形成了诸多富有成效的规划发展理论与方法。概括而言，具有代表性理论主要包括交通地理、运输组织、城市规划、建筑设计、区域及空间经济、综合运输等传统理论，以及近年来备受关注的融合发展理论。由于上述理论对综合交通枢纽的规划研究都属于交叉研究，很多理论观点相对零散，为便于归纳整理，在此将相似理论的典型代表笼统划为“学派”。

5.1.1 交通地理学派

交通地理学派对于综合交通枢纽的规划研究，更多是站在国土大空间格局的视角，综合考虑交通运输网，包括综合交通路网和枢纽节点的空间分布、结构组合与地域类型及其演变规律，注重地理环境，特别是自然、经济和社会人文等地理环境与交通运输之间的相互影响与作用，根据有关生产力布局与产销运输关系，人口及其流动分布等方面的要求，研究交通运输发展中的各种经济地理问题。

这一学派的代表人物包括德国地理学家拉采儿（1882）以及欧美著名交通地理学家斯文·海定（1920）、葛利普（1940）、德日进（1952）等，这些学术流派的主要观点对于我国交通地理学科的发展具有深远影响。就我国而言，交通地理学派理论对我国综合交通枢纽的理论研究具有很大贡献，该领域以中科院地理所、中科院南京地理所、中国城市规划设计研究院、同济大学等为主要代表。如中科院地理所陈航（2000）提出四级综合交通网，即全国、大区域、省区和地区综合交通网，并在此基础上提出了主干枢纽、重要枢纽、次要枢纽三大类别枢纽节点布局。中科院陆大道院士（2002）提出“点—轴”空间结构系统下的综合交通枢纽规划观点，指出“各种事物在空间中都具有自己的势能，而且无时不在向周围环境输送和扩散自己的势能。在区域发展过程中，这种势能的扩散表现为产品流、资金流、人流、技术流、信息流、政策流等。这些‘流’由中心点（区）向周围流动，在距中心不同方位和距离重新聚集，与当地原有的自然、社会经济要素相结合，形成新的集聚点。空间中的事物从中心发源，向外扩散；区域的中心地点，也就是区域的核心，是一个特定区域的统帅，这就是枢纽节点城镇”。

5.1.2 运输组织学派

运输组织学派对于综合交通枢纽发展规划等研究，更多是出于客货流、载运工具流等角度考虑枢纽的建设与布局，主要针对具体站点的规划与布局。在我国，尽管各方式枢纽也会根据自然地理、经济社会等外部因素考虑其宏观布局与衔接，但由于体制机制等影响，不同运输方式的枢纽往往相互割裂、单独考虑。

我国运输组织学派的典型代表包括北京交通大学、长安大学、东南大学、西南交通大学等交通专业类高校以及交通运输、铁路、民航等专业研究和设计机构。例如，交通运输部规划研究院等交通运输部部属研究机构（2010），从落实国家公路主枢纽规划的角度，提出需强化站点的科学规划、合理布局，并建议在国家公路运输枢纽规划建设时，注重客货流及载运工具等高效组织。北京交通大学何世伟教授（2012），结合城市形态和空间布局，从需求预测、运输组织、功能匹配等角度，提出综合交通枢纽站点布局规划的方法与措施。长安大学陈焕江教授（2001），重点围绕公路运输组织等，探索研究公路客运站布局和选址方法。西南交通大学席庆等（1999）指出，交通运输枢纽客运站点布局，直接关系到交通运输内外部运输的协调与否，直接影响着旅客运输的质量，并通过对交通运输枢纽换乘组织模式研究，提出了集中与分散相结合的枢纽布局规划理论。

5.1.3 城市规划学派

城市规划学派更多从枢纽站点与城市空间布局、枢纽与城市联动发展的角度考虑枢纽站点的规划与发展，主要聚焦于微观枢纽站点的布局与衔接。近年来，随着 TOD 理论的不断完善，该学派影响日益提升。

该学派在国内比较具有代表性的包括中国城市规划设计研究院和北京、上海、深圳等城市规划设计研究院，以及同济大学、东南大学、深圳大学等高等院校。例如，东南大学李旭宏教授等（2006），以组团式结构城市为例，分析了城市 TOD 发展模式下客运换乘枢纽的布局规划方法，并将城市客运换乘枢纽布局和城市土地利用紧密结合。深圳大学吕慎（2007），提出组团式大城市客运综合换乘枢纽布局规划方法，根据我国大城市用地布局特征，分析了枢纽布局与城市土地利用、客运需求走廊分布和交通网络的关系，提出了宏观布局、微观选址的枢纽规划方法。东南大学何小洲（2010），从城市空间功能整合的角度，研究大城市对外客运枢纽需求预测与布局规划方法。

5.1.4 建筑设计学派

建筑设计学派一方面注重枢纽站点的布局，另一方面更为关注枢纽站点的整体功能设计、建筑体设计以及与周边地区的景观配套。目前，建筑设计学派是国际社会的主流，也越来越受到我国业界重视。

该学派代表以各类专业设计院为主。特别是随着高速铁路快速发展，大型铁路综合枢纽的整体设计以及景观设计备受关注，现代化、立体化、综合化枢纽站点已成为当前热点。例如，刘武君（2015）在虹桥综合交通枢纽实践基础上，对综合交通枢纽规划进行了系统研究和总结，指出综合交通枢纽规划成功的两点重要因素，一是综合交通枢纽一体化，二是综合交通枢纽的可持续发展，并提出要素规划与城市设计是综合交通枢纽规划的重要内容。中国铁路设计集团（原铁道部第三勘察设计院）杨立新（2010）等，分析综合交通枢纽布局设计相关问题，提出要从场站布局出发，合理确定各种交通方式相对位置，既要做到平面布局紧凑、节约利用土地，又要保证各种交通方式之间换乘关系顺畅紧密。

5.1.5 区域与空间经济学派

空间经济、区域经济和城市经济学派一般将运输通道与交通枢纽作为优化区域产业布局、打造区域核心竞争力、提升区域经济发展能级的重要基础条件。近年来，该学派十分关注枢纽的建设与发展，特别是注重从经济、产业以及城市发展能级的角度考虑枢纽的规划与布局，一方面关注城市作为一个枢纽节点在整个经济社会发展中的地位与功能，同时也较为关注枢纽节点城市中枢纽站点的布局与衔接问题。

国内在该领域比较有代表性的包括国务院发展研究中心、国家发展改革委宏观经济研究院、中国社科院等研究机构以及北京大学、南开大学、南京大学等高校。例如，王一鸣（2008），提出我国区域发展基本特征是聚集，即生产要素和经济活动的空间分布越来越集中，由于市场化改革，资源和要素的流动性增强，流动规模越来越大，这会带来经济活动空间格局改变，要求交通网络规划，特别是枢纽规划顺应这一变化，构筑一个枢纽与通道相互衔接的网络系统。

5.1.6 综合运输学派

综合运输学派是着力发展综合交通枢纽的倡导者，从整个综合交通运输体系框架格局出发，从国土空间开发、产业与城镇布局、资源与环境承载等角度，立足各种运输方式比较优势充分发挥，以及“组合效率”最大化的视角，统筹考虑综合交通枢纽的规划、布局、建设与发展问题。高度重视与产业、城镇布局互动，与土地、空间开发联动，与新业态、新模式融合等的角度考虑枢纽的规划问题。一方面，高度关注宏观层面综合交通枢纽区域的整体功能，特别是近期随着全方位对外开放新格局的建设以及国家“一带一路”倡议、京津冀协同发展、长江经济带等区域战略的实施，统筹考虑几个大区域的枢纽辐射功能。另一方面，高度关注中观层面综合交通枢纽节点城市的功能定位与经济势能的发挥。再一方面，高度关注节点城市中，综合交通枢纽站点的空间布局与高效衔接，包括以枢纽为依托的内外交通衔接、以枢纽为依托的各种运输方式衔接以及不同枢纽站点之间的衔接等。

国内在该领域最具代表性的是国家发展改革委综合运输研究所。此外，一些高校、研究机构也在该领域不断深化研究和实践。近年来，国家发展改革委综合运输研究所相关课题组在主持和参与国家各类综合交通中长期规划、五年发展规划，特别是“十二五”综合交通运输体系规划、“十三五”现代综合交通运输体系发展规划等，以及“一带一路”、京津冀协同发展、长江经济带等国家区域战略和新型城镇化、脱贫攻坚发展战略中的综合交通发展与规划等前期研究与规划起草时，高度重视打破传统行业领域局限，从经济转型、产业升级、社会发展、国土空间布局开发、对外开放等全局角度系统考虑我国综合交通枢纽发展的战略性、前瞻性、系统性、关键性问题。同时，通过参与武汉、广州、大连、西安等枢纽试点城市综合交通枢纽总体规划时，不断总结经验，立足实际探索创新，取得了一系列具有一定开创性和实践指导性的研究成果。

5.1.7 融合发展学派

近年来，国内外经济社会跨领域、跨业界融合联动趋势明显，产业融合、业态创新、信息技术升级，特别是由此带来的信息经济、服务经济、共享经济等发展，对综合交通枢纽规划布局以及运营发展影响日益深化，也形成具有一定影响力和代表性的观点。但客观而言，目前融合发展理论流派尚未形成体系，诸多观点还是零散的，很多观点结论还有待进一步观察验证。因此，笔者在此暂用“融合发展学派”加以命名。

概括而言，融合发展理论核心是基于现代产业组织和业态模式创新，以及新一代信息技术特别是互联网、大数据技术向各产业各领域深度渗透下带来的融合创新等，运用产业融合、供应链整合、长尾效应、大数据、云计算等相关前沿理论和技术，分析判断综合交通枢纽与经济社会深度融合的机理、趋势和整体走向。融合发展理论学派在关注交通运输、综合交通枢纽与经济社会发展传统逻辑关系的基础上，更加强调交通运输特别是综合交通枢纽培育形成经济增长新动能等方面的载体与能动作用，即在深化供给侧结构性改革的大背景下，如何转变传统发展思路和路径，依托综合交通枢纽，深度融入互联网、现代金融等现代服务业以及关联制造业、商贸业，进而形成有效拓展经济发展新空间的区域经济增长新范式。近年来，各方逐渐高度关注的“枢纽经济”便是该理论的典型代表。在“枢纽经济”的概念逻辑下，进一步细分出“临港经济”“临空经济”“临铁经济”“口岸经济”等。事实上，临港经济概念早已提出，围绕临港经济国内外学术界也已经形成了诸多理论和实践成果。近期，这一概念理论被再次关注，则是在新的发展环境形势下，被加载和赋予了一些新的内涵与要义。此外，在融合发展中，综合交通枢纽与信息枢纽之间的融合联动日益紧密，这也需要在未来研究中加以统筹考虑。

从现实发展来看，跨界融合已成为当前经济社会各领域发展的大势所趋，综合交通枢纽发展也不例外，“智慧中枢”“组织中心”“策源基地”“新兴引擎”等经济产业发展及其范式模式层面要求日益紧迫。但从理论发展来看，目前该领域理论支撑还很薄弱，方法论体系尚不完善，亟待进一步深化。

5.2 我国综合交通枢纽发展既有规划与政策

客观而言，当前我国综合交通枢纽的发展，实践走在了理论的前边。特别是近些年，国家、地方、企业均高度重视综合交通枢纽发展探索，形成了一系列规划与政策成果，亟待深入总结，归纳形成有效的理论和方法论指导体系。

5.2.1 国家层面综合交通枢纽规划和政策

目前，国家层面还尚未出台专门针对综合交通枢纽的专项规划，但在综合交通体系规划中对枢纽发展目标与任务等已经有所体现。如，经国务院正式印发的《综合交通网中长期发展规划》《长江经济带综合交通立体走廊规划》《“十三五”现代综合交通运输发展体系规划》等。此外，在国家《“一带一路”战略发展规划》《京津冀协同发展规划纲要》《长江经济带发展规划纲要》以及《长江三角洲城市群发展规划》《长江中游城市群发展规划》《成渝城市群发展规划》等区域总体规划中，也涉及一些综合交通枢纽发展布局的方向与任务。这些规划对于我国综合交通枢纽布局发展具有战略性指导意义。

2007 年国务院批准印发的《综合交通网中长期发展规划》首次在国家文件中确定了全国性、区域性、地区性综合交通枢纽的三级层次，并在全国范围规划确定了 42 个全国性综合交通枢纽，并在其中选择 8 个（北京、上海、广州、深圳、大连、武汉、西安和成都），要求进行综合交通枢纽衔接试点，编制综合交通枢纽规划，制定枢纽集疏运衔接标准与规范。

2014 年 9 月，国务院发布的《长江经济带综合交通立体走廊规划》首次以国务院文件的形式，在长江经济带的范围上确定了若干区域性综合交通枢纽，这对于指导区域交通枢纽发展具有重要意义。

2017 年 2 月，国务院印发的《“十三五”现代综合交通运输体系发展规划》，结合新的形势变化，对国家综合交通枢纽城市层级进一步细分，在原全国性、区域性、地区性综合交通枢纽节点基础上，增加了国际性综合交通枢纽和重要口岸枢纽两个层级，并首次在综合交通网络中提出组合枢纽节点的空间格局。

5.2.2 国家部委综合交通枢纽规划和政策

2013 年 7 月，国家发展改革委出台《促进综合交通枢纽发展的指导意见》，是我国第一份专门针对综合交通枢纽发展的指导意见，明确了未来综合交通枢纽发展的方向，也对综合交通枢纽发展提出了明确要求。

2013 年，国家发展改革委印发《全国物流园区规划（2013—2020）》，将物流园区布局城市分为三级，确定一级物流园区布局城市 29 个，二级物流园区布局城市 70 个，三级物流园区布局城市具体由各省（区、市）参照以上条件，根据本省物流业发展规划具体确定，原则上应为地级城市。

2015 年，商务部联合多部委印发《全国流通节点城市布局规划（2015—2020 年）》，提出流通节点城市的规划布局，从全国 4 个直辖市和 333 个地级行政区域（不含港澳台地区）中遴选出全国流通节点城市。将全国流通节点城市划分为国家级、区域级和地区级共三级，确定国家级流通节点城市 37 个，区域级流通节点城市 66 个。

2016 年，国务院办公厅转发国家发展改革委《营造良好市场环境推动交通物流融合发展实施方案》，为推动综合交通枢纽与物流枢纽深度融合，在充分衔接既有综合交通枢纽规划和物流枢纽、流通节点等规划基础上，首次规划提出在全国建设一批全国性、区域性和地区性综合交通物流枢纽，并要求编制实施全国综合交通物流枢纽布局规划。

2016 年，国家发展改革委出台《关于打造现代综合客运枢纽提高旅客出行质量效率的实施意见》，重点针对综合客运枢纽明确了未来发展的方向、目标与重点，并首次配套出台《综合客运枢纽建设指引》具体指导综合客运枢纽分类建设与发展。

2016 年，经国务院同意，由国家发展改革委和交通运输部发布的《关于推动交通提质增效提升供给服务能力的实施方案》，首次在国家正式文件中提出“发展枢纽经济”，要求“实施枢纽综合开发工程，强化区域联动开发。依托综合交通枢纽和城市轨道交通场站，鼓励建设城市交通综合体，充分利用地上地下空间，促进交通与商业、商务、会展、休闲等功能融合”。

此外，原建设部于 2004 年印发《全国城镇体系规划纲要（2005—2020 年)》，根据国家发展需要，结合核心城市的建设，设置综合交通枢纽城市。规划国家级一级综合交通枢纽的城市共七个，分布于北京、上海、广州、西安、武汉、成都。应对国家振兴东北的战略，建议在沈阳和哈尔滨两个城市中，选取一个城市作为东北地区的一级枢纽城市。

5. 2. 3　国家部委各类枢纽专项规划和政策

2004 年，原交通部印发《全国主要港口名录》，提出 25 个沿海主要港口、28 个内河主要港口的港口枢纽布局方案。

2007 年，原交通部出台《国家公路运输枢纽布局规划》，在原《全国公路主枢纽布局规划》确定的全国 45 个公路主枢纽的布局方案的基础上进一步优化调整，提出国家公路运输枢纽布局方案，总数为 179 个，其中 12 个为组合枢纽，共计 196 个城市，原 45 个公路主枢纽已全部纳入布局规划方案，是国家公路运输枢纽的重要组成部分，并居主导地位。

2008 年，国务院批准的《中长期铁路网规划（2008 年调整)》，提出重点建设北京、上海、广州、郑州、武汉、西安、重庆、成都等 8 大枢纽。随后，国家发展改革委、交通运输部、中国铁路总公司等部门和单位结合新的发展形势对该规划进行修订。2016 年，国务院批准印发新的《中长期铁路网规划》，要求“实施中要做好与其他交通方式的优化衔接，构建现代综合交通运输体系，打造一体化综合交通枢纽，完善公共信息服务平台，实现客运换乘‘零距离’、物流衔接‘无缝化’、运输服务‘一体化’，全面提升综合交通服务水平和运输效率”。同时，“按照‘客内货外’的原则，优化铁路枢纽布局，完善系统配套设施，修编铁路枢纽总图。创新体制机制，统筹建设运营，促进同步建设、协同管理，形成系统配套、一体便捷、站城融合的现代化综合枢纽。研究制定综合枢纽建设、运营、服务等标准规范。构建北京、上海、广州、武汉、成都、沈阳、西安、郑州、天津、南京、深圳、合肥、贵阳、重庆、杭州、福州、南宁、昆明、乌鲁木齐等综合铁路枢纽”。

2008 年，原民航局印发《全国民用机场布局规划》，提出重点培育国际枢纽、区域中心和门户机场，完善干线机场功能，适度增加支线机场布点，构筑北方（华北、东北）、华东、中南、西南、西北五大区域机场群。并提出培育 3 大国际航空枢纽机场、2 大门户机场和建设若干区域性枢纽机场。随后，国家发展改革委和民航局结合新的发展形势对该规划进行修订，2017 年正式印发《全国民用运输机场布局规划》，明确到 2025 年，形成 3 大世界级机场群、10 个国际枢纽和 29 个区域枢纽。北京、上海、广州机场国际枢纽竞争力明显加强，成都、昆明、深圳、重庆、西安、乌鲁木齐、哈尔滨等国际枢纽作用显著增强。

5.2.4 地方层面的综合交通枢纽规划和政策

近年来，在国家政策指导下，各地方也开始高度重视枢纽的规划编制以及政策支持问题。很多省区以及地方城市均以正式文件的形式出台了关于枢纽的相关规划与政策，特别是全国性综合交通枢纽城市中的试点城市以及其他城市，如武汉市政府印发的《武汉市综合交通枢纽总体规划》、上海市政府印发的《上海市综合交通枢纽总体规划》、大连市政府印发的《大连市综合交通枢纽总体规划》、河南省政府印发的《郑州市综合交通枢纽总体规划》等，这些规划对于指导枢纽节点和枢纽站点发展具有重要作用。

5.3 代际升级下的综合交通枢纽规划体系框架

当前我国还没有正式的综合交通枢纽专项规划，既有的关于综合交通枢纽发展依据体现在综合交通运输体系规划以及铁路、公路、港口、机场等分行业专项规划，或相关部门出台的指导意见之中。当前，我国综合交通枢纽步入新的代际更替的重要历史阶段，转型发展、联动融合趋势明显，需要把握发展形势，立足本质规律，结合我国实际，抓紧研究构建符合国情的综合交通枢纽规划体系框架。

5.3.1 综合交通枢纽步入代际更替战略机遇期

在全球经济贸易格局深刻变化，新一轮产业变革、技术更新加快推进，我国经济社会步入转型升级新阶段，以及交通运输供给能力显著提升的大背景下，我国综合交通枢纽发展步入新一轮代际更替的战略机遇期，枢纽节点城市呈现新的趋势特征，枢纽站点发展出现新的功能要求。

1）综合交通枢纽城市呈现新的趋势特征

概括而言，新一轮代际更替下综合交通枢纽节点城市的发展呈现出以下 5 个转变的新特征。一是由过去通过交通网络布设，在多个运输通道交汇点形成一批重要综合交通枢纽节点，向在交通网络逐步完善基础上，通过重要综合交通枢纽培育壮大和功能提升，有效支撑、引导、锚固乃至重塑综合交通网络乃至国土空间格局的新阶段转变。二是由传统的物理性实体枢纽发展，向与互联网、大数据等现代信息技术和金融等现代服务紧密融合后所形成的组织性枢纽转变。三是由传统的交通运输枢纽向经济、产业、文化枢纽转变。四是部分枢纽由立足国内的国家性、区域性枢纽，向放眼全球的国际性枢纽转变。五是由过去的以沿海地区枢纽为主发展，向内陆性枢纽崛起以及重要内陆性枢纽国际化发展转变。

综上，我国综合交通枢纽代际更替转型发展示意如图 5-1 所示。

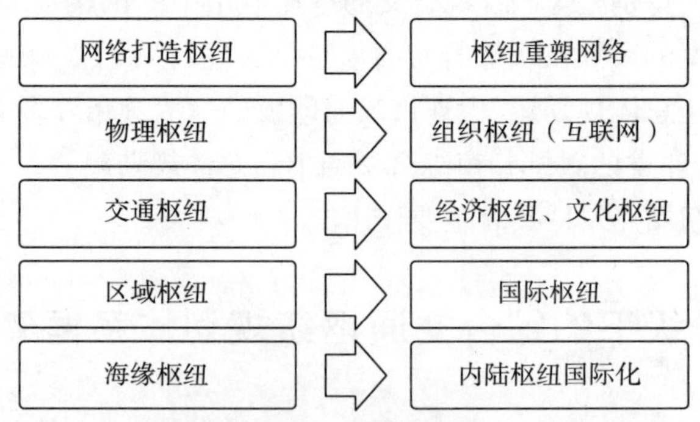

图 5-1　我国综合交通枢纽代际更替转型发展示意

在新一轮代际更替中，我国内陆枢纽面临再次崛起的战略机遇。纵观全球发展历史，远洋海运发达之前，国际上重要的人员物资交往中心，即综合交通枢纽大多处于内陆。我国同样如此，古长安、洛阳、燕京等均是过去重要的交通要塞和经济中心。随后，远洋海运和国际贸易快速发展，交通枢纽和经济中心逐步向沿海地区转移，得益于其便利的交通条件所形成的产业、人口、资源要素等聚集优势。随着铁路、民航、高速公路等发展，以及互联网等新一代信息技术的不断涌现，沿海地区单凭港口等资源所形成的交通枢纽型平台聚集优势已不再绝对明显。内陆地区依托现代化陆港、空港及其后方便捷的集疏运通道，充分应用现代信息、金融服务等技术模式，与现代供应链组织、产业链组织等精准对接，完全可以形成更具竞争优势要素聚集和配置平台。内陆枢纽崛起的窗口已经打开，如何顺应新的发展形势，按照国家以“一带一路”建设、京津冀协同发展、长江经济带发展为引领，形成沿海沿江沿线经济带为主的纵向横向经济轴带，着力拓展发展新空间的战略要求，系统谋划我国综合交通枢纽规划布局，特别是内陆国际性综合交通枢纽发展问题，意义重大。内陆枢纽崛起的战略机遇如图 5-2 所示。

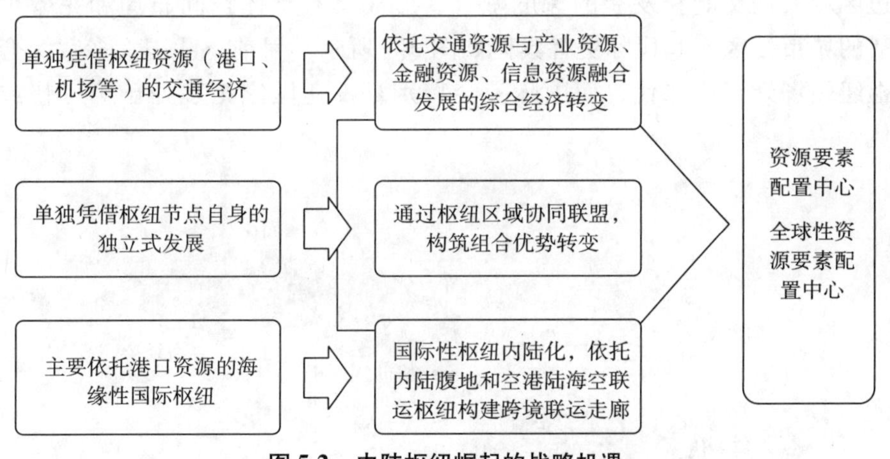

图 5-2 内陆枢纽崛起的战略机遇

对标国际社会，德国的法兰克福、慕尼黑、斯图加特、柏林，法国的巴黎，西班牙的马德里，美国的孟菲斯、芝加哥，土耳其的伊斯坦布尔等都是典型的内陆国际性综合交通枢纽。从其发展经验来看，这些内陆国际性综合交通枢纽均是重要的经济产业中心，经济实力雄厚，享誉世界的主导产业或企业，集聚效应显著，本源性需求旺盛。形成经济中心使交通作用突出，交通枢纽对经济中心发展形成强力支撑，二者深度融合关联互动，而且交通网络高度发达，拥有高品质的“空港 + 陆港 + 配套运输系统”，衔接一体高效，运输服务优质经济。

2）综合交通枢纽站场出现新的功能要求

就综合交通枢纽站场而言，其代际更替遵循功能拓展化、融合化发展趋势。按照国际社会综合交通枢纽站场发展经验和规律，可以归纳为 4 代枢纽站场。第一代，即单一运输方式站场。第二代，即集多种运输方式的交通综合体。第三代，即由多式运输方式集合的交通综合体升级为融合城市、产业等多种经济社会功能的城市综合体和产业综合体（或园区）。例如，围绕综合客运枢纽打造城市综合体，即以高铁车站、城际铁路车站等为主，集交通、商业、商务、会展、体验、康体等为一体，以及围绕综合货运枢纽打造产业综合区，即以机场、港口、物流园区等为主，集生产、加工、运输、仓储、金融、保险以及其他增值服务等为一体。第四代，即在形成城市综合体和产业综合体等“建筑体或园区”的基础上，进一步与周边区域实现功能和发展的深度融合，形成具有整体空间布局和完备生产生活的城市社区。其代际更替具体如图 5-3 所示。目前，我国大多数综合交通枢纽站场处于第二代，而国际社会特别是发达国家则多处于第三代或第四代。

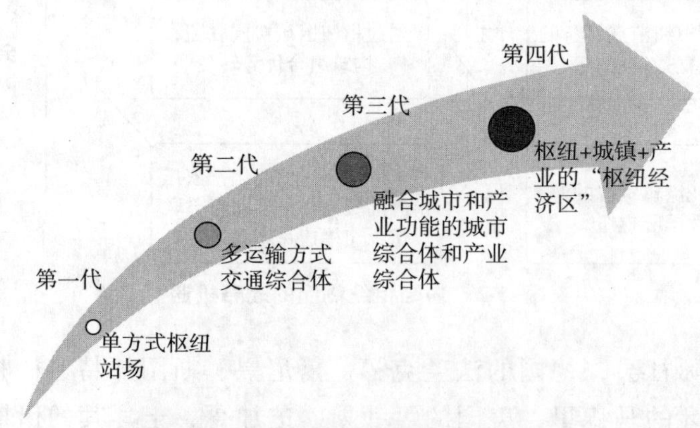

图 5-3　综合交通枢纽站场的代际更替

5.3.2 综合交通枢纽规划体系框架

在新的代际更替战略机遇期背景下，为更好指导综合交通枢纽发展，充分发挥综合交通枢纽的积极作用，当务之急是建立和完善综合交通枢纽规划体系，明确不同层级规划的内容侧重。结合我国发展实际，建议综合交通枢纽规划体系应包括5个层次，即综合交通枢纽节点布局规划、综合交通枢纽战略规划、综合交通枢纽总体规划、综合交通枢纽控制性详细规划、综合交通枢纽修建性详细规划。其中，综合交通枢纽节点布局规划、综合交通枢纽战略规划以枢纽城市为规划对象；综合交通枢纽总体规划、综合交通枢纽控制性详细规划、综合交通枢纽修建性详细规划以枢纽站场为规划对象。此外，顺应枢纽站场代际更替发展趋势，需要按照与周边区域联动开发的要求，对超大、特大以及大城市的重要大型枢纽站点，编制综合交通枢纽区域开发专项规划或在综合交通枢纽总体规划中设综合开发专项相应篇章。我国综合交通枢纽规划体系框架如图5-4所示。

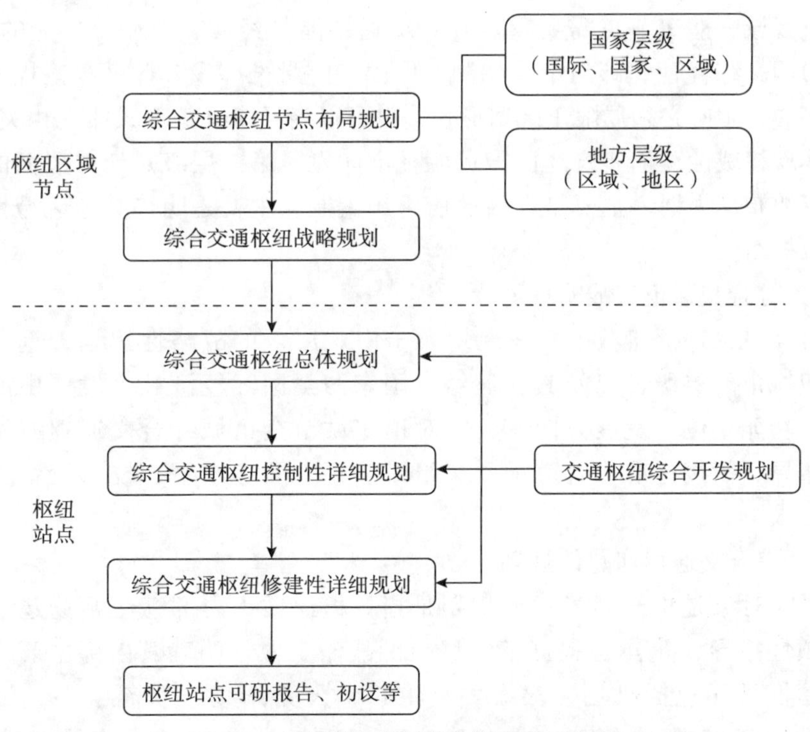

图5-4 我国综合交通枢纽规划体系框架

5.3.3 各层级综合交通枢纽规划内容与定位

1）综合交通枢纽节点布局规划

研究对象为枢纽区域以及枢纽节点城市，该规划属于综合交通枢纽规划的顶层规划，重点是从国家、区域乃至国际区域、次区域角度，确定国家对外枢纽区域以及重要枢纽节点的布局，重点结合国家战略要求以及各节点城市资源禀赋、发展基础等，科学确定各枢纽节点城市的空间布局、功能分工等。

具体而言，节点布局规划包括两个层级。第一层级是国家层面的综合交通枢纽布局规划。首先，要确定国家重要的枢纽区域，如“一带一路”倡议下的新疆丝绸之路经济带核心区、福建21世纪海上丝绸之路核心区、云南面向南亚东南亚的辐射中心等。其次，要确定国际、国家以及部分区域性枢纽节点的空间布局与功能，跨省区域的组合枢纽也应由国家层面统一确定。目前，枢纽节点布局规划在国家层面尚未出台，由于该规划的战略性和综合性，且枢纽区域、枢纽节点需要重点强化交通功能与经济、产业等功能的融合，建议由国家综合管理部门牵头编制，由国务院批准印发。此外，该规划形式可以多样，未必必须局限于规划形式，也可以指导意见等形式体现相关内容，但为体现权威性，仍建议经由国务院批准印发。第二层级是地方层面的综合交通枢纽布局规划，主要是省级政府组织编制，主要是明确其他区域性以及地区级枢纽。

2）综合交通枢纽战略规划

研究对象是枢纽城市，该规划属于中观层次的战略性规划，重点是明确枢纽城市的层级，以及其在区域、国家乃至国际经济社会发展中的战略使命、功能定位、发展方向等，并对枢纽城市全市域综合交通枢纽站场的总体布局、衔接标准、通道配置、组织管理、服务水平、技术设备等提出总体要求。

3）综合交通枢纽总体规划

研究对象是枢纽站场，该规划是指导枢纽城市内部枢纽站场建设发展的纲领性指导，重点是根据枢纽城市的战略定位，明确其内部主要对外交通运输枢纽（包括机场、火车站、港口、公路站场、物流中心、物流园区以及枢纽综合体等）的空间布局、功能定位、交通衔接、政策保障等。

特别需要注意的是，在综合交通枢纽站点规划中，要统筹考虑与城镇空间规划、铁路网规划、城市轨道交通网规划等的衔接。特别是对于大型城市，要结合城市轨道交通建设规划、铁路枢纽总图规划调整、城际铁路网规划等，统筹考虑枢纽站点规划，以强化站点布局的稳定性。

4）综合交通枢纽控制性详细规划

研究对象是枢纽站场，重点是根据综合交通枢纽总体规划以及城市总体规划，确定各枢纽站场的具体位置、用地规模、周边红线等控制性指标，以及具体的集疏运及其他配套标准和要求。

5）综合交通枢纽修建性详细规划

研究对象是枢纽站场，该规划是控制性详细规划下一层级的指导性规划，具体指导综合交通枢纽建设布局时的一些实操性详细问题。

6）综合交通枢纽综合开发规划

研究对象是枢纽站场，重点围绕重要大型客货枢纽站点，从区域功能最优化和效益最大化的角度，统筹枢纽建设与城镇空间安排、产业功能布局的融合发展，强化大型客货枢纽与周边区域的联动开发，通过地上地下空间有效联动以及平面开发与立体开发的有机衔接，实现交通功能与城市功能、产业功能深度融合。

5.4 综合交通枢纽节点布局规划的依据与方法

5.4.1 综合交通枢纽节点城市的层级划分

就广义角度的交通枢纽节点城市而言，其往往都是涵盖多种运输方式的综合交通枢纽节点城市。这些综合交通枢纽节点城市位于国家综合运输大通道重要节点，是多种运输方式的交汇点，是大量旅客与货物到发、中转换乘与换装的集结地，也是各种运输方式之间、城市交通与城间交通的衔接处。2007 年国务院批复《综合交通网中长期发展规划》，按照其所处的区位、功能和作用，衔接的交通运输线路的数量，吸引和辐射的服务范围大小，以及承担的客货运量和增长潜力，将综合交通枢纽分为全国性综合交通枢纽、区域性综合交通枢纽和地区性综合交通枢纽三个层次。近年来，我们在研究实践时还增加了一个层级，即国际性综合交通枢纽，包括沿边重要口岸枢纽。从未来我国发展空间拓展要求，特别是从以“一带一路”为统领的全方位开放格局构建来看，我们建议在我国综合交通枢纽体系格局中增加这一层级。2017 年 2 月，国务院印发的《“十三五”现代综合交通运输体系发展规划》采纳了这一建议，增加了国际性综合交通枢纽层级。

1）国际综合交通枢纽（国际性）

国际综合交通枢纽主要指在国际交通网中具有重要地位和作用的国际化城市，是立足国际化发展趋势背景，在全球运输大通道中位于重要的节点位置，包括国际海运主航道重要咽喉、国际陆桥运输通道核心要冲、国际民航航线重要结点等，对于全球资源要素流动具有重要作用，如伦敦、纽约、阿姆斯特丹、汉堡、新加坡以及我国的香港、上海、北京等。

2）国家综合交通枢纽（全国性）

国家综合交通枢纽位于综合运输大通道重要交汇区，主要为依托各省经济、文化和政治中心，以及在国家经济和国际贸易中地位突出的重要港口、大型机场所在城市。全国性综合交通枢纽在跨区域人员和国家战略物资运输中集散、中转功能突出，有广大的吸引和辐射范围，对全国综合交通网络的合理布局、衔接顺畅和高效运行具有全局性影响。

3）区域综合交通枢纽（区域性）

区域综合交通枢纽位于综合交通网主要通道的交汇处，主要为区域内重要中心城市（位于几省边界、辐射多个省区），以及在区域经济和贸易中起主要作用的沿海港口、干线机场所在城市。区域性综合交通枢纽在综合交通网络格局中具有承上启下的重要作用，对区域交通布局产生重大影响，对周边省份地区产生重要辐射。

4）地区综合交通枢纽（地区性）

地区综合交通枢纽位于综合交通网一般性通道交汇处，主要为地区（一般是省域内）中型城市，以及港口、机场所在城市。地区综合交通枢纽在综合交通网络中具有基础性作用，对本地区交通有较大影响。

5.4.2 枢纽节点城市层级划分的主要依据

衡量节点城市是属于哪个层次的综合交通枢纽，需要系统考量该城市的资源区位、经济水平（包括对外经济水平等）、人口规模、交通状况（包括国际通道状况）、国家战略意图及配套政策等。

1）资源区位

资源区位主要是考虑该城市所处的空间自然地理位置，如是否处于国际航运主航道咽喉处，是否处于国际陆路通道的前沿位置或辐射中心等。该指标是衡量城市所处枢纽层级的基础性指标之一，其区位条件在一定程度上决定了其可辐射和影响的区域范围。资源情况主要包括农、林、牧、能、矿产等自然资源以及旅游资源等。

2）经济水平

经济水平主要包括目前该城市产业基础和水平、经济发展水平、国际开放度、进出口情况、自身经济、科教创新等方面的比较优势，以及未来发展规划、发展重点和发展潜力等。该指标是衡量一个城市所处综合交通枢纽层级的重要指标。一般而言，经济水平高、产业发展强的中心城市，都是重要的人员、物资集散中心，而且该类城市一般都属于源生型综合交通枢纽，即具备诱发大规模运输需求的基础和条件。此外，还包括城市发展的总体市场环境和营商生态等。

3）人口规模

该指标既包括城市内的全部人口，也包括市辖区的人口状况，包括户籍人口，也包括常住人口，既包括现状情况，也包括未来发展规划情况。此外，还包括城镇化水平和人口结构情况等。

4）交通状况

交通状况包括交通网络设施状况，既包括国际通道情况，也包括国内网络情况，还包括口岸设施情况；既包括铁路、公路、水运、航空等总量情况，也包括高速铁路、高速公路、高等级航道等高等级网络情况；既包括历史状况和目前发展情况，也包括未来规划情况；既包括设施状况，也包括运输服务能力与水平情况。

5）其他配套情况

其他配套情况即城市其他基础设施及公共服务等配套情况，包括通信基础设施、通信网络覆盖情况、通信服务情况，城市市政公共设施情况以及服务水平等，既包括历史状况和目前发展情况，也包括未来规划情况。

6）国家战略

国家经济、区域等发展的宏观战略意图以及配套政策，如西部大开发、“一带一路”、京津冀协同、长江经济带、新型城镇化等国家战略，对于交通枢纽节点城市建设发展具有重要作用。国家战略意图会直接影响经济产业、人员要素的流动，也会直接影响交通网络，特别是重要运输通道、交通节点的布局建设，也会对枢纽节点城市交通运输发展提出相应的要求。

综上，综合交通枢纽节点层级划分的主要指标如表5-1所示。

综合交通枢纽节点层级划分的主要指标　　表5-1

一级指标		二级指标		三级指标	
1	资源区位	1.1	地理位置	1.1.1	所处地理位置，处于重要通道要塞、咽喉等
		1.2	自然禀赋	1.2.1	自然地理条件，如岸线、水深等
				1.2.2	资源、矿产、旅游等资源情况
2	经济水平	2.1	经济总量	2.1.1	国内生产总值（GDP）
		2.2	产业水平	2.2.1	三产比重
				2.2.2	工业总产值
				2.2.3	生产性服务业水平
				2.2.4	生活性服务业水平
		2.3	国际化水平	2.3.1	进出口情况
				2.3.2	境内外投资情况
				2.3.3	国际总部经济情况
				2.3.4	使领馆情况
		2.4	创新水平	2.4.1	科研机构、高校等数量
				2.4.2	科教研发成果转化水平
		2.5	未来规划	2.5.1	未来主导产业发展
				2.5.2	未来配套产业发展
				2.5.3	未来进出口贸易

续上表

一级指标		二级指标		三级指标	
3	人口规模	3.1	人口数量	3.1.1	总人口及结构
				3.1.2	市辖区人口及结构
		3.2	城镇化水平	3.2.1	城镇化率
		3.3	未来规划	3.3.1	未来人口数量及结构
				3.3.2	未来城镇化率
4	交通状况	4.1	交通设施现状	4.1.1	铁路总里程
				4.1.2	高速铁路、快速铁路、煤运通道里程及分布
				4.1.3	公路总里程及分布
				4.1.4	高速公路里程及分布
				4.1.5	航道里程及分布
				4.1.6	高等级航道里程
				4.1.7	港口情况
				4.1.8	港口集疏运情况
				4.1.9	机场情况
				4.1.10	油气管道情况
				4.1.11	城市交通情况
		4.2	运输服务水平	4.2.1	客运总量
				4.2.2	客运结构
				4.2.3	货运总量
				4.2.4	货运结构
		4.3	交通设施规划	4.3.1	未来铁路规划及结构
				4.3.2	未来公路规划及结构

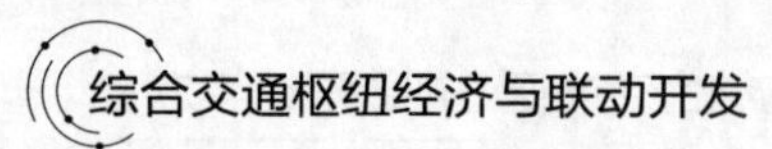

续上表

一级指标		二级指标		三级指标	
4	交通状况	4.3	交通设施规划	4.3.3	未来水运规划及结构
				4.3.4	未来机场规划及结构
				4.3.5	未来管道规划及结构
				4.3.6	未来城市交通规划
		4.4	国际通道情况	4.4.1	铁路国际通道
				4.4.2	公路国际通道
				4.4.3	航空口岸
				4.4.4	陆路口岸
5	其他配套情况	5.1	通信网络情况	5.1.1	通信设施情况
				5.1.2	无线通信覆盖情况
				5.1.3	通信设施及服务规划
		5.2	市政设施情况	5.2.1	市政公共设施标准及结构
				5.2.2	市政公共设施规划及结构
6	国家战略	6.1	区域战略	6.1.1	国际开放战略与政策
				6.1.2	区域协调战略与政策
				6.1.3	主体功能战略与政策
		6.2	产业战略	6.2.1	经济结构转型战略与政策
				6.2.2	产业转型战略与政策
		6.3	城镇战略	6.3.1	新型城镇化战略与政策
				6.3.2	城市群战略与政策

5.4.3 枢纽节点城市层级划分的计算

综合考虑各节点城市区域、交通、人口、经济发展现状以及未来发展趋势，结合国家战略部署和发展取向。通过指标无量纲化，按照模糊评价方法，通过德尔菲等方法，赋予不同指标以权重，计算得出各节点城市综合评价值。计算公式如下：

$$E = \sum_{i=1}^{n} \sum_{j=1}^{n} \varepsilon \cdot A_i \cdot P_j$$

式中：E ——评价值；

ε ——无量纲参数；

A ——指标；

P ——权重。

具体指标通过以下公式进行无量纲化：

$$\dim A = L^{\alpha} M^{\beta} T^{\gamma} I^{\delta} \Theta^{\varepsilon} N^{\zeta} J^{\eta}$$

按照综合测定的一般标准，评价值在 0 ~ 1 之间。指标越大，越接近 1，表明可承载的国际、国内资源流转和区域辐射功能越强；反之，则表明枢纽辐射能力相对越弱。当然，这一指标并非绝对，各节点城市随着交通条件的改善、经济社会的发展，其潜力和实力是不断变化的，地区枢纽可能升级为区域枢纽，区域枢纽可能升级为国家枢纽，国家枢纽也可能升级为国际枢纽。同时，随着经济、产业、通道等的变化，枢纽功能和辐射范围也可能缩小，国家枢纽可能变为区域枢纽，区域性枢纽可能变为地区性枢纽。

5.5 新疆丝绸之路经济带枢纽核心区规划案例

新疆位于我国西北边陲，地处亚欧大陆腹地，面积 166 万 km^2，占我国国土总面积的 1/6，是我国陆地面积最大的省级行政区。2014 年全区人口 2200 万。新疆陆地边境线 5600 多 km，周边与俄罗斯、哈萨克斯坦、吉尔吉斯斯坦、塔吉克斯坦、巴基斯坦、蒙古、印度、阿富汗八国接壤，在历史上是古丝绸之路的重要通道，战略位置十分重要。2015 年 3 月，《推动共建丝绸之路经济带和 21 世纪海上丝绸之路的愿景与行动》中明确提出：“发挥新疆独特的区位优势和向西开放重要窗口作用，深化与中亚、南亚、西亚等国家交流合作，形成丝绸之路经济带上重要的交通枢纽、商贸物流和文化科教中心，打造丝绸之路经济带核心区。”

5.5.1 新疆综合交通枢纽发展总体概况

新疆现辖 3 个地级市（乌鲁木齐、克拉玛依、吐鲁番）、6 个地区（哈密、喀什、阿克苏、和田、塔城、阿勒泰）、5 个自治州（伊犁、博尔塔拉、克孜勒苏柯尔克孜、巴音郭楞、昌吉），21 个县级市、62 个县、6 个自治县，其中 34 个为边境县（市）。主要情况如表 5-2 所示。

新疆主要枢纽节点城镇情况 表 5-2

序号	地区	经济情况（2013 年）				人口情况（2013 年）（万人）	资源情况	交通情况（2014 年）		
		GDP（亿元）	第一产业（亿元）	第二产业（亿元）	第三产业（亿元）			铁路	公路	机场
1	乌鲁木齐市	2202.9	26.3	875.1	1301.4	262.9	煤炭、人力等	兰新、兰新高铁、乌准等	G30、G7、G312、G218、G216 等	地窝堡
	昌吉市	292.1	36.9	141.9	113.2	36.8				
	阜康市	126.5	23.4	74.9	28.2	16.9				
2	吐鲁番市	61.5	16.5	12.9	32.1	28.4	农业、石油	兰新、兰新二线，吐巴铁路，吐库二线（在建）	G30、G312 等	吐鲁番
3	克拉玛依市	853.1	5	73.9	109.1	29	石油	兰新、奎北、克塔（在建）	G30、奎阿、克塔高速、G312、G217 等	克拉玛依、奎乌（规划）
	奎屯市	122.6	6.2	64.5	51.9	30.2				
	独山子	—	—	—	—	—				
	乌苏市	169.8	52.7	85.4	31.8	23.1				
4	石河子市	255.3	11.6	147.6	96.1	62.3	兵团	兰新铁路	G30、G312 等	在建
	玛纳斯县	148.7	62.9	52.2	33.5	17.6	—			
5	哈密市	263.5	23.3	134.5	105.7	48	煤炭	兰新，兰新二线，哈罗（已有）至和田（规划），哈额（在建），哈将（在建）	G30、G7、G312	哈密

续上表

序号	地区	经济情况（2013 年）				人口情况（2013 年）（万人）	资源情况	交通情况（2014 年）		
		GDP（亿元）	第一产业（亿元）	第二产业（亿元）	第三产业（亿元）			铁　路	公路	机场
6	喀什市	160.9	5.6	56.6	98.7	57.1	贸易	喀什—库尔勒（已有），喀什—和田（已有），喀什—阿克苏（二线），中吉乌（规划），喀什—红其拉甫（规划）	G3012(吐—和)、G314 等	喀什
	疏附县	39.1	19.1	5.9	14.1	27.1				
	疏勒县	64.4	18.2	35.1	11.1	35.2				
	阿图什市	34.4	5.4	8.5	20.5	26.3				
	阿克陶县	20.6	5.1	7.4	8.1	21				
7	阿克苏市	145.4	11.9	37.8	95.7	50.9	农业、岩石	库—阿克苏—喀什（已有），阿喀二线（库喀二线）（阿—库车在建），阿克苏—阿拉尔（已有）	G3012、G314 等	阿克苏
	温宿县	51	22.8	14.5	13.7	25.4				
8	和田市	46.2	3.5	16.6	26.1	33.2	玉石、农业	喀什—和田（南疆铁路），新藏铁路（规划）	G315	和田
	和田县	22.1	8.1	5	9	28.6				
	墨玉县	29.2	12.1	2.6	14.5	54.3				
	洛浦县	18.4	5.4	3.4	9.6	25.8				
9	伊宁市	162.7	6.9	44.8	110.9	53.6	煤炭、石油、旅游等	精伊霍（已有）	G30（连霍）、G312 等	伊宁
	伊宁县	60	25.5	16.4	18.2	44.9				
	察布查尔县	39.9	19.3	9.9	10.7	19.8				
	霍尔果斯	89.7	29.7	23.1	36.9	41.3				

续上表

序号	地区	经济情况（2013年）				人口情况（2013年）（万人）	资源情况	交通情况（2014年）		
		GDP（亿元）	第一产业（亿元）	第二产业（亿元）	第三产业（亿元）			铁路	公路	机场
10	博乐市	151.6	31	39.7	80.8	27.1	石灰岩、花岗岩	兰新，精—阿拉山（在建）	G30、G312	博乐
	精河县	53	23.5	13.5	16	14.4				
11	阿勒泰市	51.9	7.9	11	33	23.4	铍、白云母、钾长石、金、铜	准北铁路（规划），奎屯—北屯—阿勒泰	北屯—阿勒泰、G216	阿勒泰
	北屯	—	—	—	—	—				
12	库尔勒市	653.4	38	515.5	99.9	56.9	石油	库尔勒—格尔木，库尔勒—喀什，新吐—库，库—伊宁	G3012、G314、G218	库尔勒
	尉犁县	40.5	25.2	4.6	10.7	11.1				
	焉耆州	53.6	14.5	15.6	23.5	16.1				
	博湖县	21	8.9	4	8.1	6.2				
13	若羌县	62.6	18.2	39	5.4	3.5	农业	库尔勒—格尔木—成都，南疆铁路	G218、G315	规划
14	塔城市	64.6	16	15	33.6	17.2	铁、煤炭等	克塔铁路（在建）	乌苏塔城高速、G217	塔城

1）乌鲁木齐

乌鲁木齐是全疆政治、经济、文化、科教、金融和交通中心，是丝绸之路经济带核心区的重要节点，是我国西部桥头堡和向西开放的重要门户，地处亚欧大陆中心，距离昌吉市36km、五家渠50km、阜康市60km、吐鲁番市180km；辖七区一县，总面积1.4万km^2，建成区面积412.3km^2，常住人口353万。2014年，地区生产总值2510亿元，三次产业结构比例为1.2∶38.1∶60.7，地方财政收入452.9亿元，外贸进出口总额82.9亿美元。

乌鲁木齐是我国连接中亚地区乃至欧洲重要的陆路交通枢纽，西部北部出海运输大通道、陆桥运输大通道等多条国家级运输大通道使得乌鲁木齐成为我国重要的全国性综合枢纽。近年来，乌鲁木齐交通运输发展迅速，特别是随着兰新二线铁路的建成通车，新疆步入高铁时代，乌鲁木齐的枢纽地位进一步提升。截至2014年年底，乌鲁木齐已开通包括兰新铁路、兰新二线等在内的多条重要铁路通道。公路通车里程2783km，其中高速公路192km。乌鲁木齐地窝堡国际机场，是我国面向中亚、西亚和连接欧亚的门户枢纽机场，是连接亚欧的重要国际航空通道，飞行区等级4E，设计能力为年旅客吞吐量1730万人次，年货邮吞吐量27.5万吨，目前拥有航线171条，其中国内航线146条（疆内17条）、国际航线25条，连接15个国家、23个国际城市。2014年乌鲁木齐机场旅客吞吐量1631万人次，货邮吞吐量16.2万吨，分别位列全国第15位和第16位。规划有7条放射状城市轨道交通线路。

2）喀什

喀什古称疏勒，地处欧亚大陆中部，我国西部边陲。西部与塔吉克斯坦相连，西南与阿富汗、巴基斯坦接壤，边境线总长888km。周边邻近国家还有吉尔吉斯斯坦、乌兹别克斯坦、印度。喀什地区辖1个县级市、10个县、1个自治县，总面积16.2万km^2，人口449万。2014年地区生产总值688亿元，三次产业结构比例为30.7∶30.5∶38.8。2010年喀什被批为国家第六个经济特区，成为我国内陆第一个经济特区。

喀什是新疆南疆重要的交通枢纽，也是我国西部重要的交通枢纽，随着“一带一路”倡议深入推进，喀什的交通枢纽地位将会进一步提升。目前，南疆铁路的终点在喀什，高速公路G3012连通喀什，喀什机场是南疆地区重要的机场，2014年完成旅客吞吐量142.9万人次，位列全国第54位。

3）库尔勒

库尔勒是新疆巴音郭楞蒙古自治州的首府，地处欧亚大陆和新疆腹心地带，塔里木盆地东北边缘，是古丝绸之路中道的咽喉之地和西域文化的发源地之一，是南北疆重要的交通枢纽和物资集散地，也是该地区重要的政治、经济、文化中心。库尔勒油气资源充裕，矿产资源富集，人口60万，2014年地区生产总值742亿元。

库尔勒地处南北疆重要交通要道，现已形成铁路、公路、航空和管道运输等纵横交错的立体交通网，成为新疆境内仅次于乌鲁木齐的第二大交通枢纽。库尔勒是南疆铁路重要的枢纽节点，进出疆新通道库尔勒至格尔木铁路现已开工建设。以库尔勒为中心的公路网四通八达，通车里程1934km，其中国道干线4条、合计1847km。库尔勒机场于1994年完成改扩建，2014年完成旅客吞吐量100.1万人次，位列全国第64位。

4）哈密

哈密位于新疆东部，是新疆通向内地的要道，自古就是丝绸之路的咽喉，有“西域襟喉，中华拱卫”和“新疆门户”之称。下辖哈密市、巴里坤哈萨克自治县、伊吾县，总面积13.9万km^2，人口58万。2014年，地区生产总值400亿元，进出口总额4.1亿美元，地方财政收入58.6亿元。

近年来，哈密地区交通运输发展迅速。兰新铁路、兰新高铁已经建成，哈密至额济纳旗、哈密至将军庙的铁路正在建设。公路里程7230.3km，其中高速公路400km。哈密机场是新疆东部的支线机场，2014年旅客吞吐量23.5万人次，位列全国第128位。

5）克拉玛依

克拉玛依是位于新疆中北部，地处准噶尔盆地西北缘，是国家重要的石油石化基地、新疆重点建设的新型工业化城市。克拉玛依油田是新中国成立后勘探开发的第一个大油田，是以石油命名的城市。2002年，其原油产量突破1000万吨，成为中国西部第一个原油产量上千万吨的大油田。克拉玛依市面积7700km^2，总人口（不含辖区内兵团人口）为37.9万。2014年，地区生产总值847.5亿元，三次产业结构比例为0.66∶84.93∶14.41。

近年来，克拉玛依交通运输快步发展。奎北铁路已经开通运营，克塔铁路现已开工建设。拥有奎阿、克塔2条高速公路以及G217等多条国省道。克拉玛依机场位于城中心南偏东，为4D机场，机场跑道长2600m、宽45m。停机坪29050m^2，2014年旅客吞吐量9万人次，位列全国第165位。

5.5.2 对新疆交通枢纽中心层级划分的建议

按照国家“一带一路”倡议要求，围绕新疆建设丝绸之路经济带核心区的战略导向，充分考虑新疆地理区位、经济基础、人口分布、交通条件、国际经贸往来的现实状况，结合未来发展趋势、自身发展潜力和发展条件等，建议新疆交通枢纽中心总体构架分为四个层级，即国际综合交通枢纽、国家综合交通枢纽、区域综合交通枢纽和其他交通枢纽（图5-5）。考虑到新疆自身的特殊性，部分综合交通枢纽节点城市为多城镇结合且跨行政区划的组合型交通枢纽节点城镇群。

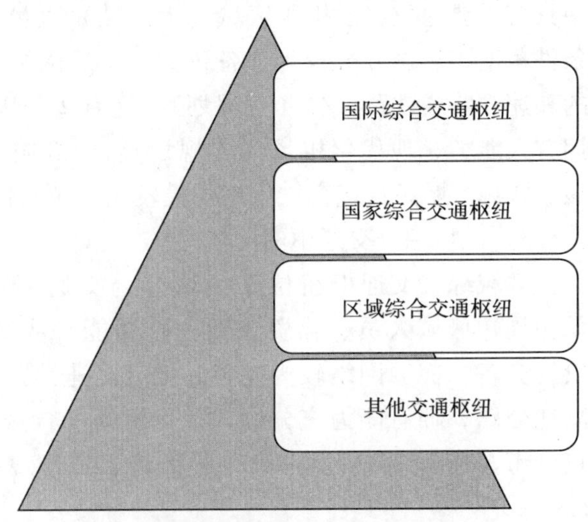

图5-5 新疆交通枢纽中心层级划分建议

1）国际综合交通枢纽

国际综合交通枢纽主要分为两类：一类是内陆型综合交通枢纽，另一类是边境口岸型综合交通枢纽。

（1）内陆型国际综合交通枢纽

内陆型国际综合交通枢纽并不在边境口岸，但位于国际性跨境综合运输大通道的重要节点，在国家内外综合交通网中具有重要地位，承担着国际人员物资集散中转功能和全球资源要素配置功能，从交通条件角度，运输方式齐备、综合交通网络完善、地处跨境通道重要环节。节点城市经济基础很好、产业优势明显，具有明显的国际竞争优势或潜力，资源禀赋条件优良，人口规模较大，城镇化水平较高。

（2）边境口岸型综合交通枢纽

边境口岸型综合交通枢纽位于国家边境，地处重要国际跨境运输大通道的战略要冲和重要节点，在国内外人员物资中转流通中具有重要作用，从交通条件角度，运输方式未必十分齐备，在整体枢纽功能层级中的地位也未必很高，但在跨境交通运输中十分重要。在新疆，该类枢纽主要是陆路口岸枢纽。

2）国家综合交通枢纽

国家综合交通枢纽位于国家综合运输大通道交汇处，在国家综合交通网中具有重要地位，承担跨区域（大区域）人员、物资集散中转功能。从交通条件角度，运输方式较为齐备，综合交通网络完善，拥有2条以上不同方向的高速铁路或铁路干线（含规划），拥有2条以上不同方向的国家高速公路，拥有大能力、现代化机场（含规划）。节点城市经济基础良好、产业优势明显、资源禀赋条件优良，人口规模较大，城镇化水平较高。

3）区域综合交通枢纽

区域综合交通枢纽位于区域综合交通网重要地位，辐射周边省区市，承担周边区域人员、物资集散中转功能。从交通条件角度，运输方式相对较为齐备，交通网络较为完善，拥有高速铁路或铁路干线（含规划），拥有高速公路，拥有能力充分的现代化机场（含规划）。从经济社会角度看，节点城市具有较好的经济和产业优势、资源禀赋条件良好，人口规模相对较大。

4）其他交通枢纽

其他交通枢纽位于地区交通网重要地位，主要承担本地区范围内人员、物资集散中转功能，或者位于边境口岸，承担一定的跨境运输。从交通条件角度，交通网络相对较为完善。节点城市具有一定的经济和产业优势、资源禀赋条件良好。

5.5.3 各枢纽节点层级划分测算

按照5.4.3节计算公式以及表5-2的主要数据，对15个主要枢纽节点城镇进行计算，得出各枢纽节点城市或城镇群综合评价值。乌鲁木齐组合枢纽得分最高，喀什组合枢纽次之，且均超过0.5，位列第一梯队；库尔勒组合枢纽、哈密市、吐鲁番市均超过0.4，位列第二梯队；其他枢纽或组合枢纽在0.2～0.4之间（塔城也可看作0.2），位列第三梯队。具体结果如表5-3所示。

新疆主要交通枢纽节点城市（含城镇群）综合评价值　　表 5-3

类别	序号	核心节点	评价值
第一层级	1	乌鲁木齐（含昌吉、阜康）	0.775
第二层级	2	喀什（含喀什市、疏附、疏勒、阿图什、阿克陶）	0.544
	3	克拉玛依市（含奎屯、独山子、乌苏）	0.523
	4	库尔勒（含尉犁、焉耆、博湖）	0.476
	5	哈密市	0.464
	6	伊霍察（含伊宁市、伊宁县、察布查尔、霍尔果斯）	0.430
第三层级	7	吐鲁番市	0.386
	8	阿克苏（含温宿）	0.281
	9	博乐（含精河）	0.275
	10	和田（含和田市、和田县、墨玉、洛浦）	0.270
	11	阿勒泰（含北屯）	0.270
	12	石河子（含玛纳斯）	0.221
	13	若羌	0.203
	14	塔城（含巴克图）	0.197

5.5.4 交通枢纽中心的层级构架与主要功能

通过上述分析，按照打造丝绸之路经济带核心区的战略定位，建议新疆丝绸之路经济带上重要的交通枢纽，按照“一核、五极、八点、X + ”多层次、组合型的总体构架进行构建，即“1 + 5 + 8 + X”（1 个国际综合交通枢纽、5 个国家综合交通枢纽、8 个区域综合交通枢纽、若干个重要口岸交通枢纽和其他交通枢纽）。区域层级以上的枢纽，多个为组合型枢纽。

1）一核：一个国际综合交通枢纽

即以乌鲁木齐为核心的“乌昌阜”组合型枢纽。该组合枢纽以乌鲁木齐为核心节点，涵盖昌吉市、阜康市以及五家渠等周边 60km 范围的主要节点。未来根据辐射能级的提升有可能会涵盖石河子以及吐鲁番地区。该区域依托省会乌鲁木齐，已发展成为新疆人口密度最大、经济总量最高、交通网络最密、国际交往最频繁的区域。

功能定位：重点依托门户机场、国际铁路班列集结中心等，凭借不断提升的城市、产业、金融、贸易、文化交往、国际合作等实力，打造成为我国

"一带一路"西向开放的源生型、内陆型国际综合交通枢纽，重点承接我国与中亚、欧洲、蒙俄、中南半岛等地区之间高端要素的交往和配置。

就现实情况而言，乌鲁木齐无论在产业基础、城镇化水平、进出口贸易等自身经济实力方面，还是在对外交通条件和配套能力方面，与国际综合交通枢纽的差距还十分明显，甚至与内陆及沿海全国性综合交通枢纽节点城市差距也十分显著，其聚集辐射能力特别是国际区域辐射能力还十分有限。但乌鲁木齐具有发展成为国际综合交通枢纽的潜力与条件，特别是在经济发展新常态背景下，在国家建设全方位开放新体系的要求下，在"一带一路"倡议深入推进的形势下，按照国际综合交通枢纽的目标，战略、前瞻、长远地谋划以乌鲁木齐为核心的组合型国际枢纽的建设发展，对于国家以及新疆发展都具有重要战略意义。在未来建设发展中，一方面要加快完善交通运输网络条件，全面提升其国际运输服务能力，实现人员物资的畅通高效流转，更为重要的是着力提升自身经济实力和产业水平，增强城市发展的源生性动力和实力，从根本上提升组合型交通枢纽的辐射能级与水平。

2）五极：五个国家综合交通枢纽

五个国家综合交通枢纽分别为喀什组合型枢纽、库尔勒组合型枢纽、哈密枢纽、克拉玛依组合型枢纽、伊犁组合型枢纽。

（1）以喀什为核心的"喀疏阿"组合枢纽

该组合枢纽以喀什为核心节点，涵盖疏附、疏勒、阿图什、阿克陶等周边节点，该区域是我国西向开放的边境前沿，拥有红其拉甫、卡拉苏、吐尔尕特、伊尔克什坦等重要口岸，与巴基斯坦、塔吉克斯坦、哈萨克斯坦直接连接。喀什是我国唯一的内陆经济特区，发展空间和潜力巨大。

功能定位：重点依托门户机场、陆路交通口岸，特别是中巴通道和中塔阿伊等国际运输通道，充分利用内陆经济特区等政策优势，近期重点打造口岸中转型国家综合交通枢纽。远期要根据国家发展战略需要，充分依托中巴等国际运输通道，谋划建设成为我国"一带一路"西向开放的源生型、口岸型国际综合交通枢纽，重点强化我国与中亚、西亚以及印度洋方向的人员物资交往流通。

（2）以库尔勒为核心节点的库尉焉博组合枢纽

该组合枢纽以南疆区域中心城市库尔勒为核心节点，涵盖尉犁、焉耆、博湖等主要节点。

功能定位：重点依托机场、库喀铁路、新入疆通道（库尔勒经格尔木至成都）等，凭借不断提升的产业、城市等实力，着力打造成为立足南疆、服务西北、辐射全国的源生型国家综合交通枢纽。

近期，重点提升作为南疆枢纽的地位与功能，并进一步拓展辐射范围，逐步扩大至西北以及西南地区。远期，着力提升作为国家枢纽辐射全国的能级和水平。

（3）哈密枢纽

主要以新疆“东大门”哈密市为核心节点，根据发展有效融合周边主要枢纽节点。

功能定位：凭借新疆“东大门”的优越区位，重点依托兰新二线和兰新普铁、入疆北部铁路通道（额济纳旗至哈密至老爷庙）以及机场等，通过不断提升自身产业竞争水平和区域辐射能力，着力打造立足疆东、辐射全国的源生型入疆型国家综合交通枢纽。

近期，重点依托其新疆“东大门”的区位优势，着力打造中转型交通枢纽，进一步提升疆内外要素流动的服务能力和水平。远期，适时推进其由中转通过型区域枢纽向源生型国家枢纽的转型升级。

（4）以克拉玛依为核心的克奎独乌组合枢纽

主要以克拉玛依市为核心节点，涵盖奎屯、独山子、乌苏，并有效融合辐射“四地五师”等主要区域，未来着力打造成为立足新疆北部地区重要的国家综合交通枢纽。

功能定位：凭借克拉玛依作为北疆重要区域中心城市的基础条件，依托奎屯、独山子、乌苏优越的交通区位和发展基础，立足世界石油城发展目标，重点依托铁路、高速公路以及机场，通过不断提升自身产业竞争水平和区域辐射能力，着力打造立足北疆、辐射全国的源生型国家综合交通枢纽。

近期，重点依托其重要的石油化工等产业优势，着力提升其源生型枢纽能级水平，同时，根据奎屯等物流产业良好的发展基础和发展势头，着力提升源生型、中转型枢纽辐射能力。远期，视产业链国际化发展情况，打造疆北地区企业“走出去”的重要基地，进一步提升对内陆地区以及国际地区的交通服务能力。

（5）以伊宁为核心的伊霍察组合枢纽

以伊宁市为核心节点，涵盖伊宁县、察布查尔县、霍尔果斯市等主要枢纽节点，特别是重点强化与霍尔果斯口岸的联动发展，依托中哈经贸合作平台，全面打造立足疆西、面向哈萨克斯坦以及西亚和欧洲的国家综合交通枢纽。

功能定位：充分发挥其对接哈萨克斯坦的区位优势，依托霍尔果斯口岸功能，着力挖掘伊宁市、伊宁县等地区产业发展潜力，进一步完善国际陆路通道、国际机场等，着力打造面向中亚乃至欧洲的口岸型、源生型国家综合交通枢纽。

近期，重点完善其交通网络，特别是国际铁路通道、高速铁路、机场等，提升霍尔果斯口岸运输服务能力和交通辐射水平，并同步提升伊宁市等产业能级与水平，形成重要的口岸型枢纽。远期，视产业链国际化发展情况，打造面向中亚乃至欧洲的口岸型、源生型国家综合交通枢纽。

（6）总体评价

就现实情况而言，喀什、库尔勒、哈密、克拉玛依虽然已成为新疆重要的交通枢纽，但尚不能承担国家交通枢纽的战略功能，而伊霍察区域性枢纽地位尚未完全形成。但从国家战略要求看，特别是“一带一路”倡议的深入推进，需要在新疆打造一批能够承载国家要素资源高效流动的战略支点，从新疆全域来看，除乌鲁木齐外，喀什、库尔勒、哈密、克拉玛依、伊霍查具备发展成为国家综合交通枢纽的潜力和实力，部分还具有成为国际枢纽的条件，需要战略性、前瞻性地系统谋划，统筹产业、城镇、交通等协同发展。

3）八点：八个区域综合交通枢纽

八个区域综合交通枢纽分别为吐鲁番、若羌两个单点枢纽和阿克苏、博乐、和田、阿勒泰、石河子、塔城八个组合型枢纽。

4）X +：若干个其他交通枢纽

从区域发展的角度，着力打造一批其他功能层级的交通枢纽，包括且末、库车、民丰、准东等，并视发展情况，调整其功能层级。

需要注意的是，应以动态的眼光看待枢纽发展，枢纽的层级类别不是一成不变的，而是动态演进的，随着枢纽节点经济社会发展、交通条件改善、辐射能级提升等，区域性枢纽可能发展升级为国家枢纽、国家枢纽也可能发展成为国际枢纽。同时，枢纽的功能定位也不是绝对的，地处国际通道重要节点的国家枢纽、区域枢纽以及其他枢纽，同样可以承担国际中转和集散功能，国际枢纽同样需要承担服务国内的功能。

综上，新疆主要交通枢纽层级划分及主要功能定位如表 5-4 所示。

新疆主要交通枢纽层级划分及主要功能定位 表 5-4

层级	枢纽名称	功能定位	
		近期	远期
国际综合交通枢纽	乌昌阜	全国性交通枢纽	源生型、内陆型国际综合交通枢纽（考虑乌吐一体化）
国家综合交通枢纽	喀疏阿	口岸中转型国家枢纽	源生型、口岸型国际综合交通枢纽
	库尉焉博	南疆国家枢纽	源生型、内陆型国家综合交通枢纽
	哈密市	疆东国家枢纽	源生型、内陆型国家综合交通枢纽
	克奎独乌	疆北国家枢纽	源生型、中转型国家综合交通枢纽
	伊霍察	疆西区域枢纽	面向西亚口岸型国家枢纽
区域综合交通枢纽	吐鲁番市	南北疆区域枢纽	源生型、中转型区域枢纽
	阿温	天山南麓区域枢纽	源生型区域枢纽
	博精	西疆区域枢纽	重要口岸型区域枢纽
	和墨洛	南疆区域枢纽	新藏区域枢纽
	阿北	北疆区域枢纽	重要口岸型区域枢纽
	石玛	天山北麓区域枢纽	源生型区域枢纽
	若羌	南疆区域枢纽	新青区域枢纽
	塔巴	西北疆区域枢纽	重要口岸型区域枢纽
其他枢纽	包括准东、民丰、且末、库车等重要区域节点和口岸		

5.6 湖南省综合交通枢纽布局规划案例

5.6.1 湖南省综合交通枢纽发展总体概况

湖南省地处我国中南部，是长江经济带中部重要省份。全省辖域面积 21.2 万 km^2，2014 年年末总人口 6737.2 万。湖南省现辖 14 个市州，包括长沙、株洲、湘潭、岳阳、常德、衡阳、郴州、邵阳、永州、益阳、娄底、怀化、湘西、张家界。各市州经济社会及交通运输情况如表 5-5 所示。

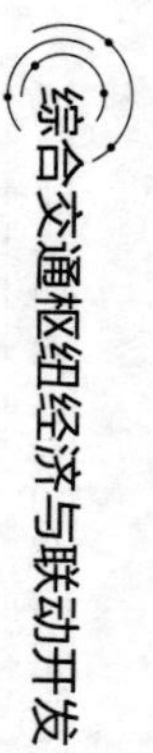

2013 年湖南省各节点城市主要指标情况 表 5-5

市州	区位	经济						人口		交通条件			
		GDP（亿元）	人均 GDP（元）	财政收入（亿元）	面积（km^2）	工业增加值（亿元）	三产结构	总人口（万人）	中心城区人口（万人）	铁路	高速公路	机场	水运
长沙	湘东	7153	99570	532	11820	3352	4.1：55.1：40.8	715	298	京广、沪昆高铁；京广、石长铁路；常益长等	京港澳、沪昆、长张	黄花机场	长沙港；湘江高等级航道
株洲	湘东、湘赣边界	1948	49864	149	11262	1042	7.9：60.1：32	391	96	京广高铁；京广、沪昆普铁	京港澳、沪昆	无	株洲港；湘江高等级航道
湘潭	湘东	1438	51538	99	5007	778	8.1：59.2：32.7	278	89	沪昆高铁；沪昆普铁	京港澳、沪昆	无	—
衡阳	湘东	2169	30030	157	15310	913	15.6：47.9：36.5	720	100	京广高铁；湘桂、怀邵衡、安张衡	京港澳、泉南	衡阳机场	—
邵阳	湘西南	1130	15727	68	20829	373	22.5：38.9：38.6	717	69	洛湛、怀邵衡	二广、沪昆	规划	—
岳阳	湘北、湘鄂赣边界	2431	43864	106	15019	1217	10.9：55.1：34.0	552	111	京广高铁；京广、沪昆普铁；常岳九、蒙华	京港澳、杭瑞	规划	岳阳港；长江干线、洞庭湖

续上表

市州	区位	经济						人口		交通条件			
		GDP（亿元）	人均 GDP（元）	财政收入（亿元）	面积（km^2）	工业增加值（亿元）	三产结构	总人口（万人）	中心城区人口（万人）	铁路	高速公路	机场	水运
常德	湘北、湘鄂渝边界	2265	39169	123	18190	1001	14.3：48.7：37.0	576	140	石长、常益长、黔张常、常岳九	杭瑞、长张、二广	桃花源机场	常德港；沅水高等级航道
张家界	湘北、湘鄂渝边界	366	24259	26	9653	77	12.1：25.4：62.5	150	52	焦柳、黔张常、安张衡	长张	张家界机场	—
益阳	湘中	1123	25773	52	12144	459	19：45.2：35.8	434	135	洛湛、常益长	长张	无	—
郴州	湘东南、湘粤赣边界	1686	36256	147	19388	902	9.8：57.6：32.6	463	73	京广高铁；京广普铁；永郴赣	京港澳、厦蓉	规划	—
永州	湘西南、湘桂粤边界	1162	21951	70	22441	380	21.5：38.5：40	526	116	洛湛、湘桂、永郴赣	二广、泉南	零陵机场	—
怀化	湘西、湘黔边界	1111	23137	77	27564	436	13.7：44.1：42.2	478	37	焦柳、渝怀；沪昆高铁；怀邵衡	包茂、沪昆	芷江机场	—
娄底	湘中	1118	29332	62	8118	546	14.5：54.1：31.4	381	47	洛湛、沪昆普铁；沪昆高铁	沪昆	规划	—
湘西	湘西、湘渝黔边界	419	16171	33	15461	125	14.9：36.7：48.4	258	30	焦柳	包茂、杭瑞	规划	—

5.6.2 对湖南省综合交通枢纽层级划分的建议

按照国家长江经济带战略，统筹考虑国家综合交通枢纽层级划分和湖南省自身特点，建议湖南省综合交通枢纽分为三个层次，即国家综合交通枢纽、区域综合交通枢纽和其他综合交通枢纽（图5-6）。

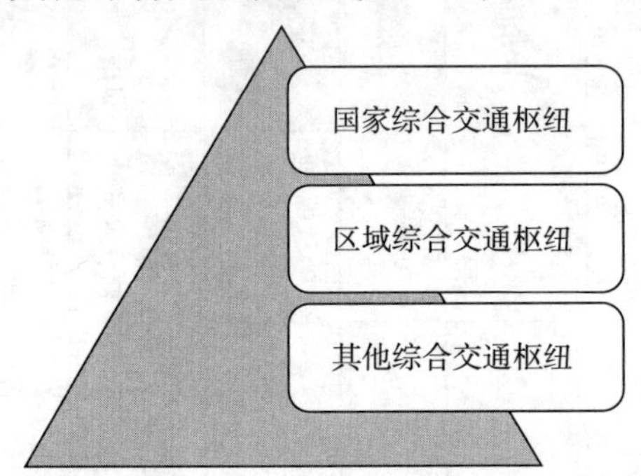

图5-6 湖南综合交通枢纽节点层级划分

1）国家综合交通枢纽

位于国家综合运输大通道交汇处，在国家综合交通网中具有重要地位，承担跨区域（大区域）人员、物资集散中转功能。从交通条件角度，运输方式齐备，综合交通网络完善，拥有2条以上不同方向的高速铁路或铁路干线（含规划），拥有2条以上不同方向的国家高速公路，拥有大能力港口和高等级航道（含规划），拥有大能力、现代化机场（含规划）。节点城市经济基础良好、产业优势明显、资源禀赋条件优良等，人口规模较大，城镇化水平较高。

2）区域综合交通枢纽

位于区域综合交通网重要地位，辐射周边省市，承担周边区域人员、物资集散中转功能。从交通条件角度，运输方式较为齐备，综合交通网络较为完善，拥有1条以上不同方向的高速铁路或铁路干线（含规划），拥有2条以上不同方向的国家高速公路，水运条件相对较好，拥有大能力、现代化机场（含规划）。节点城市具有较好的经济和产业优势、资源禀赋条件良好等，人口规模相对较大。

3）其他综合交通枢纽

位于区域综合交通网重要地位，主要承担本省范围内人员、物资集散中转功能。从交通条件角度，综合交通网络应较为完善。节点城市具有一定的经济产业优势、资源禀赋条件和人口规模。

5.6.3 各综合交通枢纽节点层级划分测算

按照5.4.3节计算公式以及表5-5的主要数据，对主要枢纽节点城镇进行计算，得出各枢纽节点城市或城镇群综合评价值，如表5-6所示。

湖南省节点城市枢纽层级指标测算结果　　表5-6

排　序	城　市	测　评
1	长沙	0.845
2	岳阳	0.706
3	常德	0.640
4	衡阳	0.625
5	株洲	0.590
6	怀化	0.589
7	郴州	0.584
8	永州	0.574
9	湘潭	0.509
10	邵阳	0.437
11	益阳	0.337
12	张家界	0.308
13	娄底	0.306
14	湘西	0.304

5.6.4 湖南省综合交通枢纽层级架构与主要功能

根据上述评价指标测算，考虑到湖南省客观实际以及国家和区域发展战略，未来湖南省应着力构建国家、区域、其他三个层级的“一群、一核、五极、五点”综合交通枢纽总体构架。

1）一群：一个城市群组合型国家综合交通枢纽

即以长沙为核心，株洲、湘潭为辅助，共同构成长株潭城市群国家组合型综合交通枢纽。“长株潭”组合型国家综合交通枢纽，是要发挥长株潭城市群的组合效益，充分发挥长沙作为全国性枢纽的功能和作用，激发和提升株洲和湘潭作为辅助性枢纽的能级水平。主要承担国家跨区域人员物资交流中的大能力、快速、高效集散功能，更好辐射和全面服务长江中游城市群乃至长江经济带地区，是湖南省重要的源生型国家综合交通枢纽节点城市群。

从目前发展情况来看，长沙作为国家规划的全国性综合交通枢纽，交通条件、辐射能力以及区域经济影响力显著增强。株洲、湘潭作为长株潭城市群主要节点，整体实力不断提升。具备成为我国中南部地区国家级综合交通枢纽和资源要素集散乃至配置中心的基础和条件。未来本组合枢纽可朝着国际性枢纽方向完善网络、提质升级。

2）一核：一个区域综合交通枢纽（远期着眼国家综合交通枢纽）

一核：即岳阳国家综合交通枢纽。重点发挥岳阳港口独特优势，顺应长江经济带发展战略需要，形成集水、铁、公、航、管为一体的现代化枢纽节点，打造成为长江中游地区重要的枢纽港口、区域性航运中心和国家综合交通枢纽，有效辐射和服务长江中游城市群以及长江经济带流域。

从目前发展情况来看，岳阳枢纽的区域辐射能力和影响力明显提升，特别是依托优越的水运和陆路条件，在服务湘北、湘中、湘西南以及鄂西南、赣西北等地具有重要作用。未来，要从国家战略的高度和湖南省全局的角度，把握长江经济带建设的战略契机，统筹岳阳产业升级与交通先导之间关系，超前谋划、系统规划，依托长江黄金水道，进一步发挥岳阳自身区位优势、产业优势、资源优势等，打造成为长江中游地区新兴经济增长极和具有较强辐射影响力的区域乃至国家综合交通枢纽。

3）十极：十个其他综合交通枢纽

十级：分别是常德、衡阳、怀化、郴州、永州、张家界、益阳、邵阳、娄底、湘西十大其他综合交通枢纽。

从目前发展情况来看，无论从交通上，还是从经济上，常德、衡阳都已成为具有一定区域辐射能力的重要综合交通枢纽。其他枢纽能级水平需进一步提升。

专栏 5-1　湖南综合交通枢纽节点规划层级

国家综合交通枢纽（1 个）

长株潭（长沙、株洲、湘潭组合型枢纽）

区域综合交通枢纽（1 个）

岳阳（远期努力建设成为国家综合交通枢纽）

其他综合交通枢纽（10 个）

常德、衡阳、怀化、郴州、永州、邵阳、益阳、娄底、张家界、湘西

6 综合交通枢纽联动开发机制创新与政策保障

体制机制和配套政策是综合交通枢纽发展及其联动融合开发有效实施的重要保障。综合交通枢纽作为综合交通运输体系重要组成部分，是资源要素高效流转的载体，是设施网络与一体服务有机衔接的纽带，是传统运输与新兴业态融合发展的平台。在新的发展环境与形势下，现代综合交通枢纽的发展，以及围绕和依托现代综合交通枢纽所形成的新业态新模式，都需要一个更加开放包容、更加联动融合的产业生态和政策环境予以支持，需要着眼创造服务新供给、激发消费新需求，着眼更好支撑引领经济社会发展、拓展经济发展新空间、培育经济增长新动能，来创新综合交通枢纽联动开发的体制机制和政策举措。本章围绕我国综合交通枢纽发展，重点针对客运枢纽综合开发以及货运枢纽与多式联运联动支撑，研究提出一些体制机制政策方面的建议。

6.1 未来我国综合交通枢纽发展的政策导向

近年来，我国综合交通枢纽发展取得重大进展，重要枢纽节点城市区域辐射能力显著提升，客货枢纽站场设施条件和服务水平明显改善。但仍存在功能定位不清晰，分类分级不明确，建设标准不统一，枢纽布局与城市功能不匹配，集散网络不完善，换乘距离过长，换装效率偏低，信息开放共享不足，方式间运营组织不衔接，缺乏强有力的建设协调主体等问题，制约综合交通枢纽整体效能发挥，难以有效满足日益提升、日趋丰富的出行和物流需求。因此，要提高认识、统一思想，主动适应、把握、引领经济发展新常态下的需求侧变化，强化枢纽供给侧调整，在更高起点、更高水平、更高质量上推进综合交通枢纽建设。

6.1.1 切实把握我国综合交通枢纽发展方向

适应把握引领经济发展新常态，牢固树立并贯彻落实创新、协调、绿色、开放、共享发展理念，按照“一带一路”倡议和京津冀协同发展、长江经济带以及区域发展总体战略部署，着眼全面建成小康社会战略目标，围绕区域中心城市及城市群运行效率和竞争力提升，立足更好发挥交通支撑引领作用，切实转变发展思路，深化供给侧结构性改革，创新综合交通枢纽规划建设、运营、管理模式，优化综合交通枢纽空间布局和功能层级，强化各种运输方式依托枢纽一体衔接和有机协调，推动枢纽资源集约节约利用和绿色化发展，促进枢纽功能跨界融合和市场全面开放，全面提升交通运输整体质量和综合效率，拓展枢纽发展新空间，创造综合服务新供给，引导多元消费新需求，培育枢纽经济新势能。

1）进一步强化统筹协调

从建设运营全周期、运输服务全过程的角度，系统规划综合交通枢纽的建设与发展，做好通道与枢纽、城市与站场、客运与货运、布局与衔接、既有与新建、建设与运营、交通与产业城镇等统筹协调，实现统一规划管理、同步建设运营。

2）进一步强化以人为本

立足不同城市、不同枢纽自身条件和特征，尊重自然、把握规律、传承历史，因地制宜推进综合交通枢纽布局建设，以人们便利出行、便捷换乘和货物高效换装为根本，做好枢纽设计空间立体性、平面协调性、风貌整体性、文脉延续性、整体适用性等有机统一。

3）进一步强化以需求为导向

合理划分枢纽层级，立足需求，优化枢纽空间布局，分类确定站场规模、功能以及衔接要求，做到规模适当、标准适宜、功能适用，强化无缝衔接、立体换乘和一体换装，提升枢纽服务水平，提高中转集散效率，增强内外辐射能力。

4）进一步强化融合联动发展

在保障交通功能前提下，有序拓展枢纽的城市服务和产业服务功能，促进交通功能与商业功能融合互动，加强枢纽与周边区域地上地下空间利用和商业开发，鼓励建设以客运枢纽为核心的城市综合体和以货运枢纽为核心的产业集聚区。

5）进一步强化绿色智能安全

加大互联网、大数据等技术应用，实现信息互联互通和共享共用，打造智慧枢纽。在枢纽建设中贯彻建设生态文明社会的要求，倡导绿色规划、设计，促进紧凑建设、精明发展，推进低碳循环、智能安全，实现资源高效配置、集约利用和节能减排。

6.1.2 做好综合交通枢纽发展规划指导

强化规划的龙头作用，加强综合交通枢纽规划指导。按照节点布局规划、枢纽战略规划、总体规划、控制性详细规划、修建性详细规划以及综合开发规划等层级，加快构建完善我国综合交通枢纽规划体系，明确各层级、各类别枢纽规划的定位、功能、内容与责任主体等。

1）加快全国综合交通枢纽规划指导

目前，我国国家层面对于综合交通枢纽的规划指导囊括在5年或中长期的综合交通运输体系规划之中，还没有专门针对全国宏观战略层面综合交通枢纽发展的专项规划。既有的综合交通运输体系发展规划中，特别是《“十三五”现代综合交通运输体系发展规划》尽管面向中长期提出了我国综合交通枢纽的层级划分和区域布局，但对于各级各类枢纽发展尚没有提出明确的发展目标和任务要求。而且，仅对国际性、全国性枢纽以及部分重要口岸枢纽进行了区域布局安排，对于区域性以及地区性枢纽尚没有提出明确布局和发展要求，影响着区域性和地区性枢纽的分工协调发展。建议在国家层面加快研究编制我国综合交通枢纽总体布局规划，作为各级各类枢纽发展的宏观指导和总体依据。在我国综合交通枢纽总体布局规划中，不仅局限于国内枢纽节点，也要根据“一带一路”以及全方位对外开放格局构建需要，对海外重要枢纽节点进行战略性布局考虑。

2）进一步推进重要节点综合交通枢纽总体规划编制工作

综合交通枢纽节点是国家枢纽体系整体和局部功能实现的承载实体。近年来，在《综合交通网中长期发展规划》的指导下，武汉、广州、大连、西安、北京、上海等试点城市以及郑州、合肥等其他城市高度重视自身作为国家重要枢纽的发展问题，先后研究编制完成围绕各自城市枢纽定位、枢纽布局衔接发展的综合交通枢纽总体规划，其中《武汉市综合交通枢纽总体规划》

《广州市综合交通枢纽总体规划》《大连市综合交通枢纽总体规划》等已分别经城市人民政府批准印发，《广州市综合交通枢纽总体规划》还根据发展需要进行新一轮修编。按照2013年国家发展改革委《促进综合交通枢纽发展指导意见》，“对于综合交通运输体系中的节点城市，其综合交通枢纽规划由所在城市人民政府组织编制，纳入城市总体规划进行审批（或修改城市总体规划时进行审批），用于指导城市交通枢纽设施的空间布局和建设”。部分城市综合交通枢纽总体规划以作为城市总体规划的前置性规划，对于优化城市总体空间布局发挥了重要指导作用。

但总体来看，我国重要节点城市综合交通枢纽总体规划编制工作还不理想，大部分节点城市对于枢纽发展，特别是通过枢纽专项规划指导综合交通枢纽发展尚没有形成足够重视，很多城市还没有开展综合交通枢纽总体规划研究工作，部分城市则将枢纽总体规划视为城市综合交通运输体系规划，专项规划的专业化指导性、规范性、控制性没有得到充分发挥，城市枢纽发展随意性较大，功能定位、布局衔接等问题较多。建议结合《“十三五”现代综合交通运输体系发展规划》枢纽层级布局调整，以及未来研究出台的全国综合交通枢纽总体布局规划，综合考虑国际国内通道和网络格局，按照国际性、全国性、区域性、地区性等层级，优化综合交通枢纽城市区域布局，明确不同层级枢纽城市服务功能和辐射范围。进一步推进重要节点城市的综合交通枢纽总体规划，更好指导节点城市枢纽发展。

枢纽节点城市具体规划时，结合枢纽城市的空间形态、产业布局、人口分布等现状及未来发展趋势，按照城市总体规划、土地利用总体规划、产业发展规划要求和交通发展特点，科学布局机场、车站、物流园区等大型综合交通枢纽站场。原则上，高速铁路、城际铁路和市域（郊）铁路应在城市中心城区设站，或者充分利用城区内既有车站进行改扩建。大型货运枢纽应布局在城市中心区外围，减少对城市客运的干扰。强化既有和新建枢纽站场的分工协作。特大超大城市需要战略且审慎地研究机场“一市两场”布局和功能问题。

3）强化规划衔接与审批审核调整

一方面，着力推动多规衔接。加强各层级综合交通枢纽规划与相关层级经济、区域、产业、社会、空间、综合交通、环境等规划衔接，以及与国家重大战略规划精准对接，强化综合交通枢纽规划与经济社会发展规划、土地利用总体规划以及综合交通运输体系规划等的对接。重点做好枢纽节点综合交通枢纽总体规划与城市轨道交通规划、铁路枢纽总图规划、民用机场总体布局规划、城际铁路规划、港口总体规划等专项规划的对接，强化编制、审核、调整等全过程衔接。另一方面，做好规划的审核与调整，以城市人民政府为主体，编制节点城市综合交通枢纽总体规划，纳入城市总体规划或作为审批前置条件，提高规划约束力。国家发展改革、交通运输等部门在审核城市轨道交通建设规划、城际铁路规划时，应按照综合交通枢纽建设要求和相关标准，加强对综合衔接、换乘换装方案的论证和审核。

6.1.3 以新理念推动综合交通枢纽融合联动发展

当前我国综合交通运输步入新的历史起点，互联网技术不断渗透以及共享经济、服务经济快步发展，交通运输与关联产业跨领域、跨业态融合态势十分显著，深刻改变着传统生产生活以及消费模式。这就要求作为重要组织和服务平台的现代综合交通枢纽，主动顺应融合联动发展大趋势，牢固树立和贯彻落实新发展理念，积极引导新生产消费流通方式和新业态新模式发展，扩大创新累积效应，增强多样化有效供给，全面提升综合服务质量效率，拓展发展新空间，培育形成发展新动能。

1）加快构筑新兴经济发展承载平台

以包容创新、鼓励探索、积极培育为发展导向，鼓励发展平台经济、分享经济、体验经济等新业态新模式，全面提升综合交通枢纽对于新经济新业态新模式的平台承载作用。重点发挥平台型、枢纽型服务载体的引领作用，带动创新创业和小微企业发展，共建“平台＋模块”产业集群。

2）联动培育壮大枢纽经济新动能

依托综合交通枢纽城市，建设产业聚集中心、物流服务中心和多式联运中心。依托大型机场、沿海港口、沿边口岸、高铁车站等交通枢纽设施，加强集疏运衔接配套，完善口岸等服务功能，促进高铁经济和临空、临港等枢纽经济发展，联动发展通道经济，密切区域合作，优化资源配置，加速产业梯度转移和经济转型升级。

3）强化枢纽空间综合开发利用

鼓励综合交通枢纽站场与地上、地下、周边空间综合利用，融合交通与商业、商务、会展、休闲等功能，打造依托综合交通枢纽的城市综合体和产业综合区，推动高铁、地铁等轨道交通站场、停车设施与周边空间的联动开发。重点推进地下空间分层开发，拓展地下纵深空间。实施交通枢纽用地总量与强度双控，推进“交通+商业”等多资源整合、多功能融合的立体式空间布置与建筑体设计，加强地上地下空间功能的合理布设，强化土地及空间资源的集约节约高效利用。选择在有条件的地区，以大型高速铁路、城际铁路、市域（郊）铁路客运站等为重点，实施一批立体化布局、综合开发建设的枢纽示范工程。

6.1.4 完善综合交通枢纽建设发展体制机制

按照全面深化改革的总体要求，把握创新驱动发展理念，充分发挥市场配置资源的决定性作用和更好发挥政府作用，进一步完善综合交通枢纽建设发展体制机制和政策保障体系。

1）加快构建完善一体化建设发展机制

明确中央与地方的职责分工，强化地方政府在综合交通枢纽建设中的主体责任，中央有关部门切实做好协调保障。地方政府负责统筹其所在地区内枢纽站场建设，成立专门管理机构，推进综合枢纽的统一规划、统一设计、统一建设、统一管理。对跨区域等关系重大的枢纽建设，建议由国家综合部门牵头，会同相关部门和地方协力推进。2016年，国家发展改革委印发《关于打造现代综合客运枢纽提高旅客出行质量效率的实施意见》，明确要求“对特别重要的综合客运枢纽建设，我委将和有关地方政府探索以合作共建的形式共同推进，选择一批综合客运枢纽示范工程，在规划、政策、资金等方面予以指导和支持”，建议进一步深化落实，对实施过程中的经验进行总结、调试、复制推广。

2）创新枢纽建设开发模式

鼓励以委托代理、服务外包、代建制、代管制等多种方式，实施综合交通枢纽站场的规划、建设和运营。加强跨界融合，重点加强与地产、传统商业、电子商务等企业的定制性、共享式合作开发建设。推进需求响应式前置性建设开发，在规划、设计等前期阶段加强与需求方深度合作。根据枢纽经营能力差异，实施差别化建设方式。对于位置优越、需求旺盛的强经营性枢纽，鼓励采用特许经营方式进行市场化开发建设。对于一般经营性枢纽，鼓励采用特许经营加政府补贴或政府直接参股等方式开发建设。对于经营能力较弱的枢纽，建议采用政府购买服务、委托市场化运营等方式开发建设。

3）强化资金保障力度

发挥中央资金引导作用，整合车购税、铁路建设基金、民航发展基金以及中央预算内投资等既有中央政府性资金，支持重大综合交通枢纽建设，中央预算内投资重点用于换乘换装设施、进出站衔接通道、信息资源共享、安全应急保障等领域。适时转变中央资金投资管理模式，由项目类投资管理转为事项类投资管理。加大政府专项债、企业债对枢纽建设的支持力度，研究设立多元化枢纽建设发展基金。充分发挥开发性金融作用，鼓励各类金融机构创新金融产品。建立健全枢纽建设开发利益反哺、风险分担和责任追究机制。

4）完善土地供给政策

优先保障综合客运枢纽用地，按照交通用地性质进行土地划拨。加快制定和完善土地分类及其地上地下空间分层利用的供给政策和标准，鼓励使用商业用地指标建设客运枢纽并实施综合开发。货运枢纽主要采用招拍挂形式获取土地，视情况予以税费减免，确保土地的交通用途。

6.2 推动客运枢纽综合联动开发的政策建议

6.2.1 统一认识，从全生命周期和整体效能最大化的角度统筹考虑枢纽开发的整体性和系统性

目前社会各界的专家学者大都认为围绕枢纽的综合开发十分必要，但缘何进行综合开发，不同专家理由不尽相同。有观点认为，基于枢纽的功能和特点，其属于公益性服务设施，建设成本大，运营费用高，单单依靠政府投资建设，并通过票务收入保证运营，难度很大，因此，需要通过综合开发的收益，特别是土地商业开发的收入弥补枢纽建设与运营。还有观点认为，大型对外枢纽的建设能够带动城市空间的开发利用，集约利用土地和空间，优化城市空间和产业布局，对城市发展意义重大。由于二者考虑的基点有所差异，前者关注综合开发的短期财务效益，后者强调综合开

发的长期社会效益，财务效益与社会效益往往在价值的时间体现及受众群体方面存在一定的差别，因此，会在一定程度上影响着有关部门的决策部署。但二者的核心并不矛盾，即综合开发会产生经济效益，对有条件的客运枢纽实施综合开发意义重大。至于如何实现财务效益与社会效益的有机统一，需从整体上系统把握，制度上有效规范，政策上充分保障，形成高效的联动协调、均担返还机制。

具体而言，关于综合开发的具体内容及重点等还缺乏统一的认识，突出地表现为：过多关注枢纽建设，而忽视枢纽开发；过多关注枢纽的规模与形象，而忽视枢纽的功能；即使重视枢纽功能，也是更多关注交通功能，而忽视城市功能；即使重视枢纽开发，也是更多关注新建枢纽，而忽视既有枢纽；过多关注解决建设资金短缺问题，而忽视持续解决运营、维护资金不足问题等。认识上的局限与偏差，影响着我国客运枢纽综合开发的效果。

此外，还有观点认为，我国客运枢纽难以全面实现综合开发的一个重要制约，是由于我国的客运枢纽，特别是铁路车站，不是开放性枢纽，即枢纽站房、候车厅、站台等不能向社会大众全面开放，与周边商业环境不能深入融合，服务群体仅仅是旅客，不能有效服务枢纽周边地区民众。

但事实上，开放与否，并不影响客运枢纽的综合开发。西班牙的火车站同样属于封闭式枢纽，但丝毫没有影响枢纽的综合开发。从广义角度而言，所有的枢纽都具备综合开发的条件，只是不同的枢纽，适宜综合开发的空间、范围以及内容有所区别而已。客运枢纽综合开发的关键，是尽可能将其融入城市，通过地上空间与地下空间有效联动，平面开发与立体开发有机衔接，实现交通功能与城市功能深度融合。

对于大型对外客运枢纽的综合开发，必须提高认识，统一思想，提高枢纽综合开发的整体性和系统性，统筹交通功能与城市功能、统筹商业开发与区域开发、统筹新建枢纽与既有枢纽、统筹开放枢纽与封闭枢纽、统筹平面开发与立体开发，使枢纽地区不只是一个“匆匆而过之地”，而真正成为一个“值得驻足的地方”。

客运枢纽综合开发需要重视的几个方面，如图 6-1 所示。

具体而言，要从整个区域经济发展、宏观财税制度性安排以及枢纽建设运营全生命周期的角度，统筹考虑枢纽区域综合开发。根据枢纽规划、建设、

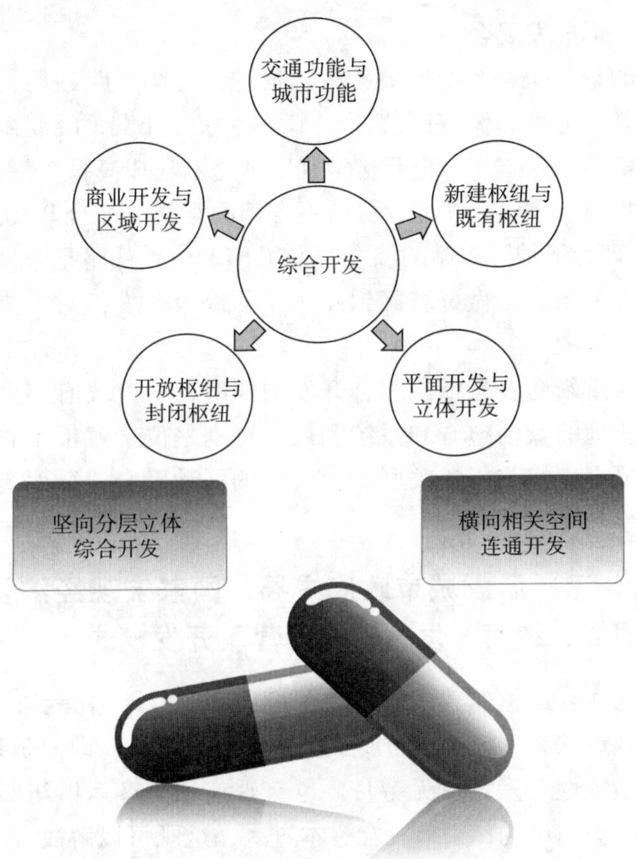

图 6-1　客运枢纽综合开发需要重视的几个方面

运营全生命周期持续发展和交通、城市、产业全功能深度融合的要求，实施以枢纽为中心的区域性、功能性系统开发，有效聚集经济要素，提升区域吸引能力和辐射水平。同时，加快建立广泛吸引社会资本的投融资机制和利益分配及返还机制，形成“枢纽综合开发促区域能级提升、区域能级提升支撑枢纽区域开发”的良性循环，从根本上改变只重视“土地开发”而忽视“枢纽发展”、只重视“土地一次性交易买卖”而忽视“土地长期经营”、只重视枢纽“建设融资”而忽视枢纽“长久运营”、更重视“新建枢纽”而忽视“既有枢纽”等情况。

针对不同主体开发初衷不同等问题，要从大局着眼，立足宏观性、战略性、整体性目标，建立铁路部门、地方政府、机场以及其他开发主体之间有效的协调、利益保障、效益反哺和约束监督等机制，最大限度地保障各方利益，达成共识，形成发展合力。

需要注意的是，随着新型城镇化深入推进，围绕铁路站场实施综合开发更具现实意义。一方面，做好围绕高铁车站的综合开发，既要做好新建设车站综合开发的前期准备工作，也要科学有序推进刚建成高铁车站的综合开发，优化调整部分规模、空间、功能设置尚不合理的车站的综合开发。另一方面，重点推进 TOD 理念下城际车站的综合开发工作。城际铁路是未来一段时期我国交通运输的发展重点，做好城际铁路车站的综合开发，对支撑和引导新型城镇化发展意义重大。

此外，在注重新建客运枢纽综合开发的同时，城市政府应更加重视既有客运枢纽周边土地的盘活整合和系统利用，特别是位于城市中心位置的老火车站等，加强既有枢纽与周边关联产业资源的联动融合，全面提升既有枢纽区域的运行效率和发展活力。

6.2.2 明确分工，形成城市政府主导、国家宏观经济管理部门协调的“统一规划、统筹开发、市场运营”开发模式

政府与市场在客运枢纽建设开发中的职责定位，一直是我国社会各界争论的热点。有观点认为，客运枢纽属于公益性基础设施，政府负责投资建设、运营管理以及系统性开发，责无旁贷。也有观点认为客运枢纽属于准公共性基础设施，可以面向市场，引入社会资本进入，这既可以解决资金紧张问题，也可以提高运行效率和服务水平，政府只需做好引导工作即可，实质工作由市场主导。第二种观点是目前的主流。

党的十八届三中全会明确了未来我国经济体制改革方向，指出要使市场在资源配置中起决定性作用和更好发挥政府作用，着力解决市场体系不完善、政府干预过多和监管不到位问题，大幅减少政府对资源的直接配置，推动资源配置依据市场规则、市场价格、市场竞争实现效益最大化和效率最优化。2012 年 7 月，国务院颁布《“十二五”综合交通运输体系规划》，提出“探索以市场为主体的综合交通枢纽建设与运营机制”。“市场主导、政府引导”将是未来我国客运枢纽建设及综合开发的基本原则。客运枢纽综合开发中政府与市场的关系如图 6-2 所示。

从国际社会经验来看，以市场为主体的客运枢纽建设与综合开发也是各国的普遍做法。政府主要是加强规划、政策、标准等制定和实施，加强市场活动

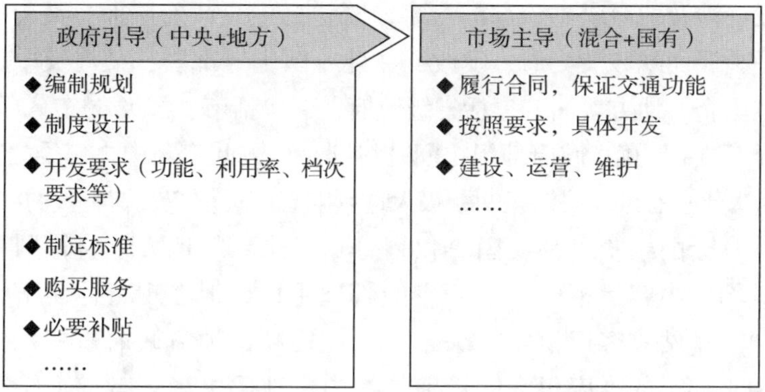

政府引导（中央+地方）	市场主导（混合+国有）
◆编制规划 ◆制度设计 ◆开发要求（功能、利用率、档次要求等） ◆制定标准 ◆购买服务 ◆必要补贴 ……	◆履行合同，保证交通功能 ◆按照要求，具体开发 ◆建设、运营、维护 ……

图 6-2　客运枢纽综合开发中政府与市场的关系

监管，加强各类公共服务提供，推广客运枢纽建设运营组织方面的政府购买服务，凡属组织性管理服务，原则上都要引入竞争机制，通过合同、委托等方式向社会购买。西班牙马德里主要公共交通设施经营管理主体如表 6-1 所示。

西班牙马德里主要公共交通设施经营管理主体　　表 6-1

公共交通设施		经营管理主体
	地铁系统	马德里地铁公司：马德里大区拥有 100% 股权的公共企业，外加 2 个特许经营板块
	马德里市公交汽车系统	EMT：马德里市的公共企业
	马德里地区其他城市公交汽车系统	公共企业和私人企业，70% 为特许经营企业。30% 为公共企业
	市郊铁路系统	Cercanias Renfe：国有公共企业
	大区及区域公交汽车	21 家私人公司运营 31 个特许经营板块
	轻轨系统	私人企业经营 3 个特许经营板块
	大型客运枢纽	私人企业建设运营 5 个特许经营板块

但现实问题是，在我国现行的管理体制和运行机制下，政府与市场的职责边界尚不明确，体制机制尚未理顺，政策标准尚不完善，客运枢纽综合开发如何面向市场？而且，高铁站、普通火车站、机场、公路客运站等对外客运枢纽

的建设开发，涉及的政府主管部门众多，既包括中央政府层面，又包括地方政府层面，中央层面既涉及交通、发改、住建、国土等部委，又涉及中国铁路总公司等大型国企，地方层面既包括省级政府，又包括市、县级政府等，不同政府部门职责分工尚不明确，政府部门之间，特别是地方政府与中央部委之间、中央部委之间尚未建立有效的协调机制，极大地影响着客运枢纽实施有效的综合开发。

从国际社会的经验以及我国事权划分角度来看，地方政府特别是城市政府应该是其辖区内客运枢纽综合开发的管理主体，但在现行体制下，围绕高铁站、普通火车站等客运枢纽的综合开发往往超出地方政府事权范围，地方政府协调中央部委的难度很大，特别是在中央部委中尚未有一个统筹部门的情况下，这种协调难度更大。围绕高铁站、普通铁路站等客运枢纽的综合开发，往往是地方政府与中央相关部委的“一事一议”，开发内容及工作流程缺乏规范化、标准化，更谈不上对综合开发有效的监督与管理。

目前我国围绕客运枢纽的综合开发还处于探索阶段，明确各级政府部门的职责分工，实现综合开发的科学化、规范化、制度化、标准化，意义重大。建议深化综合开发的规划、政策、标准等问题研究，以更好地指导地方实践。

1）明确枢纽综合开发的管理主体

建议由地方政府主导，由中央宏观经济管理部门组织协调，统一规划，统一设计，共同验收。从功能作用看，客运枢纽与所在城市的联系更紧密、更直接，其布局开发对城市发展影响更大，给城市带来的外溢效益和极化效益更显著。城市政府作为枢纽综合开发的主导者，可以更全面地考虑枢纽区域的整体空间布局，以及与关联产业资源要素的整合利用和深度衔接。因此，建议由城市政府主导，在城市层面统筹协调规划、土地、交通、城建、环保等部门，对重要枢纽的综合开发进行统一规划、统一部署。

从具体操作看，大型综合客运枢纽建设与开发涉及面广，尽管国家正在大力推进简政放权，很多审批内容已经下放或者取消，但仍有很多工作需要地方与中央部门衔接。而中央层面的交通、住建、国土等行业部门均很难对城市综合交通枢纽规划和重大综合型站场项目建设工作进行独立协调。因此，建议在中央层面，由国家宏观经济管理部门牵头，组织协调相关行业部门，共同推进大型客运枢纽综合开发工作。

2）要做好重要枢纽的统筹开发

一是功能上的统筹，加强交通功能与商业、商务、文化、休闲等其他城市功能的深度融合，强化商业功能与公益功能的系统整合。二是空间设计上的统筹，重点做好地上地下空间高效衔接与利用。三是开发时序上的统筹，根据客观实际和发展需要，有序控制开发规模和开发进度，不能急于求成。按照发达国家经验，枢纽区域综合开发达到相对成熟的水平一般需要几十年，即使快也需要十几年。因此，客运枢纽综合开发需要超前规划，但要分步务实推进，重点在土地、空间、技术标准等方面做好预留。

3）在政府“统一规划、统筹开发”的基础上，实现“市场运营”

着力推进枢纽综合开发主体的市场化和法人化，避免枢纽区域开发规划、决策、建设与运营、组织、生产之间的相互脱节以及由此引起的运行效率低、经济效益差等问题。

6.2.3　创新开发方式，加强“跨界”融合，实施“差异”开发，有效提升运行效率和效益水平

充分发挥创新的重要作用，通过技术创新、模式创新、制度创新等，全面激发客运枢纽综合开发的动力与活力，促进客运枢纽及其所在区域的永续发展。加强客运枢纽综合开发模式创新，包括建设模式创新、投融资模式创新、管理模式创新、运营模式创新以及利益返还模式创新等，如图6-3所示。

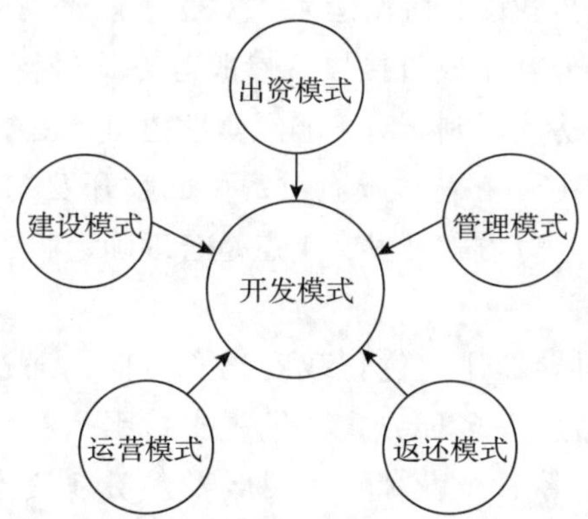

图6-3　客运枢纽综合开发模式创新重点方向

1）“跨界”融合创新开发方式

以市场需求为导向，把握产业“跨界”融合的大趋势，特别是互联网经济下新产品、新模式、新业态、新服务的快速更迭，按照“城市综合体”“枢纽经济区”发展理念，结合国家财税体制改革和城市地方债务管理等要求，

创新枢纽开发、合作、融资、运营、服务和盈利等模式，充分发挥市场在枢纽综合开发中的关键作用，更好地发挥政府的作用。改变传统以交通运输企业特别是垄断性国有企业为核心（如中国铁路总公司）的综合开发方式，强化交通、地产、传统商业、电商等企业之间的深度融合，增强枢纽发展的内生动力。重点强化枢纽运营企业与地产企业（如万达、万科等）、传统商业企业（如新世界、沃尔玛等）、电子商务企业（如阿里巴巴、淘宝、腾讯等）等之间的“前置性”“定制性”“共享式”合作开发，在枢纽综合开发的规划、设计等前期工作阶段加强各方的深度合作，有效发挥地产企业、商业企业的各自优势，充分借鉴其先进的经营模式、管理模式、服务模式、业态发展模式以及盈利模式，共同规划、共同选址、共同设计，推动“土地、金融、信息、商业资源、运营模式”等高效整合。

2）实施差异化开发

充分考虑不同枢纽公益性、经营性的差别，以及由于其所处城市的经济水平、地理区位、外部条件等不同而导致的经营能力差异，对不同枢纽实施差别化开发政策，合理确定其目标定位、开发规模以及开发方式。对于功能地位突出、区位条件优越的强经营性枢纽，如位于特大城市中心区域的高铁站、城际站等，可采用政府授予特许经营权的方式进行开发，由市场主体按照政府规划要求实施统一开发、同步建设、协调运营。对于一般经营性枢纽，可通过政府授予特许经营权附加部分补贴或直接投资参股等方式进行开发，重点是建立适宜的投资、补贴与价格协同机制。对于弱经营性枢纽，由于缺乏“使用者付费”的基础，现金流很少，主要依靠“政府付费”回收开发成本，建议采用政府购买服务、委托市场化运营等方式开发，重点是合理确定服务标准和价格。

3）创新融资方式

加强政府投资的引导作用，优化政府投资方向，通过投资补助、基金注资、担保补贴、贷款贴息等多种方式，优先支持引入社会资本的综合开发项目。进一步探索银行贷款、企业债、项目收益债券、资产证券化等在枢纽综合开发中的创新与实践。积极探索 PPP 等在枢纽开发中的应用。

6.2.4 完善配套政策，建立健全部门协调、利益返还、风险分担、约束监管和责任追究机制，保障开发的科学性和合理性

通过政策与制度等的完善，重点建立健全客运枢纽综合开发的三大机制

（图6-4）。一是相关的协调机制，包括中央与地方之间、中央部门之间、地方部门之间、政府与企业之间等。二是相应的约束机制，特别是针对有关部门盲目追求大站房、大广场、大规模的“枢纽新城”等，要着力建立行之有效的部门约束机制。三是利益返还机制，这是决定客运枢纽综合开发能否成功的核心机制，也是未来需要着力解决的重点问题。

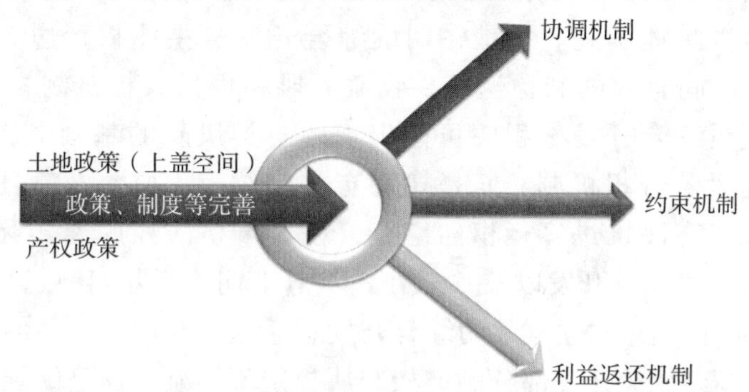

图6-4　客运枢纽综合开发需要建立健全的三大机制

1）加快编制重要客运枢纽综合开发规划

在综合交通枢纽规划中，明确交通枢纽综合开发规划内容，鼓励有条件的城市编制枢纽综合开发专项规划，或在综合交通枢纽总体规划中专设综合开发专项篇章，明确枢纽综合开发的定位、规模、目标、方式等，指导具体开发工作，并将枢纽综合开发规划方案纳入枢纽建设可行性研究报告内容，作为效益评价依据。以铁路车站为重点，按照《国务院办公厅关于支持铁路建设实施土地综合开发的意见》的要求，由城市政府主导，科学编制既有铁路站场及周边地区改建规划，前瞻性地编制新建枢纽区域性开发规划，明确新建站场和土地综合开发的规划要求。

2）完善土地保障政策以及上盖物业开发相关规范和标准

一是完善土地供应模式和公共部分土地综合开发利用模式，提高土地利用强度。探索建立土地综合开发分期供应模式，分期供应的土地可成片提供。二是落实综合开发用地指标支持政策。建设项目配套安排的土地综合开发所需新增建设用地指标，经省级人民政府严格审核后，由国土资源部门予以计划单列。三是制定地上地下空间开发利用管理规范，统筹地上地下空间开发，推进建设用地的多功能立体开发和复合利用，研究上盖空间分层使用及出让等办法，提高空间利用效率。

3）建立健全枢纽综合开发保障机制

一是建立综合开发的部门协调机制，加强部门之间的衔接协调，强化政府在枢纽开发中的规划设计、市场监管、公共服务等职能。按照国家进一步简政放权的要求，完善枢纽综合开发管理体制，中央层面由宏观经济管理部门负责协调，地方层面由省级宏观经济管理部门负责协调，由城市人民政府负责具体实施。二是在明确综合开发各主体权责边界的基础上，建立各主体之间有效的利益返还、收益分摊和责任共担机制。三是在全面系统研判枢纽综合开发过程中可能出现的各类风险的基础上，合理设计，构建有效的风险分担机制。四是建立有效的约束、监督及责任追究机制，遵循客观规律有序推进客运枢纽综合开发，严格防控脱离实际的大站房、大广场、大规模建设开发以及“献礼式”赶工期等实际问题。

目前，我国尚未建立有效的综合开发利益返还与回报机制的一个重要原因，是对于枢纽相关开发部分的产权归属界定不明确，而且缺乏有效的制度保证各方的合法权益，并保证获得的相关收益能够真正用于枢纽的建设、运营和维护。因此，必须深入研究围绕枢纽进行综合开发的产权边界，建立综合开发的利益返还机制。中央相关部门应重视这一方面的研究部署，各地方政府也应根据本地实际，在返还机制方面深入研究实践。目前，上海、深圳、广州、佛山等地已经积极探索，也取得了一些经验。

在这一方面，可以学习借鉴日本东京涩谷车站的开发经验。东京涩谷枢纽是以铁路为主体的客运枢纽，其按照不同的功能分为铁路部分、城市公共交通及基础设施部分、其他商业开发部分等，不同部分对应不同的主体，如表 6-2 所示。

日本涩谷车站各部分开发主体 表 6-2

序号	类别	主体
1	铁路站房及铁路设施	铁路业主
2	城市公共交通及基础设施	城市业主
3	商业、地产等设施	私营业主、铁路业主等

日本涩谷枢纽区域开发示意如图 6-5 所示，其内部功能结构和空间如图 6-6、图 6-7 所示。

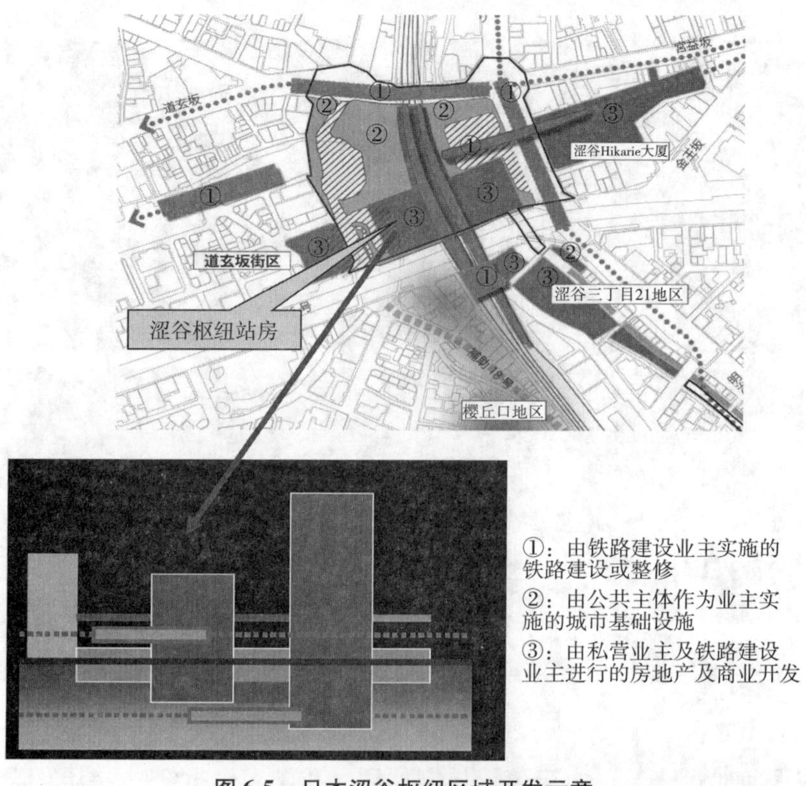

图 6-5 日本涩谷枢纽区域开发示意

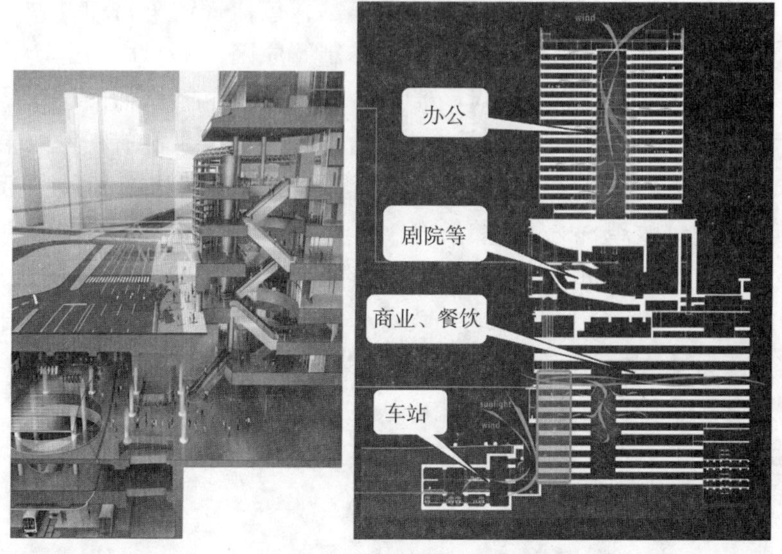

图 6-6 日本涩谷枢纽区域内部功能结构

图 6-7　日本涩谷枢纽内部空间

从目前情况来看，由于传统体制原因，我国客运枢纽综合开发式产权划分与具体实施过程中难度最大的是铁路车站，包括普铁车站和高铁车站。很多位于市中心的老火车站，由于历史、体制等原因，其周边土地产权主体众多，地上、地下产权划分以及调整难度较大，一体化的综合开发效果不理想。一些规模大、位置远的新建高铁车站，由于种种原因，目前开发效果也不理想，离功能完善、衔接顺畅的“城市综合体”的预期目标相差很远。随着 2013 年大部门制改革深入推进，铁路领域政企分开，加之未来政府“放管服”等进一步深入推进，围绕铁路车站的综合开发将会迎来新的发展机遇。完全可能通过市场化手段，由地方政府（主要是市级政府）与铁路部门以及其他相关部门具体协商，细化各自的权利和责任，实施高度有效的综合开发，实现交通、商业、文娱等各个功能板块的高效连接与融合发展，建立相应的利益返还机制，实现综合开发的收益更好用于弥补客运枢纽的建设以及日常运营和维护。

6.3 货运枢纽支撑现代多式联运发展的政策建议

6.3.1 转变我国货运枢纽系统发展的政策思路

加快推进货运枢纽由“运输作业中心”向“经济组织中心”“资源配置中心”的本质归回和功能性拓展，在完善货运枢纽设施布局、配套衔接，提升服务能力和水平的同时，强化依托枢纽的组织平台构建，充分利用互联网、大数据、云计算等现代信息技术手段，推进前台与后台、实体与虚拟、线上与线下等一体化高效组织，实现资源要素共享共用、畅捷流转和精准配置，构建层级类别清晰、分工衔接有效、功能开放融合的货运枢纽系统，更好支撑我国现代多式联运发展。立足运输功能，全面提升衔接各种运输方式的能力品质。围绕链式融合，拓展货运枢纽整合资源要素的平台功能。衔接组织链条，构筑围绕货运枢纽的多式联运产业生态圈。着眼规则重塑，构建拓展国家区域发展新空间的战略支点。

6.3.2 把握我国货运枢纽系统发展的政策原则

围绕多式联运发展的战略方向和货运枢纽系统发展的总体思路，应进一步明确未来货运枢纽发展的基本原则。

1）战略统筹，系统构建

既要充分借鉴国际经验做法，更要综合考虑我国国情，加强立足新形势下的我国多式联运系统的顶层设计，整体构建符合我国国情的货运枢纽系统，聚焦问题，精准发力，示范引领，持续推进多式联运发展不断取得新成效。

2）抓住重点，突破瓶颈

坚持问题导向和市场导向，围绕影响枢纽效能发挥的标准、体制机制、组织主体、价格等关键问题，以全程组织化、集装化、标准化等为重点，在支撑集装箱铁水联运、公铁联运等方面，实现重大突破。

3）因地制宜，分类推进

鉴于我国各地区、各领域、各运输方式发展存在明显差异，我国货运枢纽发展不可能简单统一步伐，同步推进，要遵循基本规律，根据发展实际，分区域、分货类、分领域、分步骤有序推进。

4）政府推动，市场主导

在我国货运枢纽发展的初级阶段，必须更好地发挥政府在战略统筹、规划引导、制度规范、政策激励等方面的推动作用，激发市场主体活力，打造政府与市场相向而动，支撑货运枢纽发展的“双引擎”。

5）整合资源，协同发展

统筹国际国内两个市场和两种资源，加强各类要素整合和优化配置，强化跨方式、跨部门、跨区域、跨国界协同联动，促进货运枢纽与现代物流、国际贸易、商贸流通、先进制造、信息技术等融合发展，特别是与产业园区、工业园区的协同发展。立足组织本质，着眼新业态新模式，打造集聚平台。

6）深化改革，创新驱动

加大重点领域改革力度，着力破除不利于多式联运发展的市场壁垒、区域藩篱和制度障碍，创新体制机制，培育支撑多式联运的货运枢纽发展新模式，为多式联运发展提供持续动力，加强示范工作，逐步有序推广。

6.3.3 明确推进我国货运枢纽系统建设的重点任务

在深刻把握多式联运与货运枢纽核心逻辑的基础上，围绕我国多式联运发展的战略导向，整体性谋划我国货运枢纽系统建设与发展，明确未来时期特别是“十三五”时期，推进我国货运枢纽系统建设的重点任务。

1）加快优化货运枢纽功能布局

立足国际和国内两个市场、两类资源，统筹综合交通枢纽与物流节点布局，加强功能定位、建设标准等方面的衔接，强化货运枢纽的多式联运功能，构建层级明晰的国家货运枢纽系统。

一是完善国内货运枢纽布局。编制实施全国货运枢纽或综合交通物流枢纽布局规划，根据区位条件、辐射范围、基本功能、需求规模等，科学划分全国性、区域性和地区性的综合货运枢纽。实施铁路物流基地工程，新建和改扩建一批具备集装箱办理功能的一、二级铁路物流基地。积极拓展航运中心、重要港口、公路港等枢纽的物流功能，支持重点地区以货运功能为主的机场建设。进一步完善境内中欧班列节点功能。加强内陆港布局，强化与沿海港口联动，提升通关一体化服务水平以及集装箱循环功能。

专栏6-1 “十三五”时期我国全国性和区域性综合交通物流枢纽布局

类 别	功能要求	枢纽名称
全国性综合交通物流枢纽	国家交通物流网络的核心节点，应有三种以上运输方式衔接，跨境、跨区域运输流转功能突出，辐射范围广，集散规模大，综合服务能力强，对交通运输顺畅衔接和物流高效运行具有全局性作用	北京—天津、呼和浩特、沈阳、大连、哈尔滨、上海—苏州、南京、杭州、宁波—舟山、厦门、青岛、郑州、合肥、武汉、长沙、广州—佛山、深圳、南宁、重庆、成都、昆明、西安—咸阳、兰州、乌鲁木齐等
区域性综合交通物流枢纽	国家交通物流网络的重要节点，应有两种以上运输方式衔接，区域运输流转功能突出，辐射范围较广，集散规模较大，综合服务能力较强，对区域交通运输顺畅衔接和物流高效运行具有重要作用	石家庄、太原、福州、南昌、海口、贵阳、拉萨、西宁、银川等

专栏6-2 “十三五”时期中欧班列枢纽节点布局方案

1. 内陆主要货源地节点

具备稳定货源，每周开行2列以上点对点直达班列，具有回程班列组织能力，承担中欧班列货源集结直达功能。包括：重庆、成都、郑州、武汉、苏州、义乌、长沙、合肥、沈阳、东莞、西安、兰州。

2. 主要铁路枢纽节点

在国家综合交通网络中具有重要地位，具备较强的集结编组能力，承担中欧班列集零成整、中转集散的功能。包括：北京（丰台西）、天津（南仓）、沈阳（苏家屯）、哈尔滨（哈尔滨南）、济南（济西）、南京（南京东）、杭州（乔司）、郑州（郑州北）、合肥（合肥东）、武汉（武汉北）、长沙（株洲北）、重庆（兴隆场）、成都（成都北）、西安（新丰镇）、兰州（兰州北）、乌鲁木齐（乌西）、乌兰察布（集宁）。

3. 沿海重要港口节点

在过境运输中具有重要地位，具备完善的铁水联运条件，每周开行

3 列以上点对点直达班列，承担中欧班列国际海铁联运功能。包括：大连、营口、天津、青岛、连云港、宁波、厦门、广州、深圳、钦州。

4. 沿边陆路口岸节点

中欧班列通道上的重要铁路国境口岸，承担出入境检验检疫、通关便利化、货物换装等功能。包括：阿拉山口、霍尔果斯、二连浩特、满洲里。

专栏6-3 “十三五”时期国家公路港网络工程

1. 综合型公路港

以全国性和部分区域性综合交通物流枢纽为重点，形成约 50 个与铁路货运站、港口、机场等有机衔接的综合型公路港，提供一站式服务，具备多式联运、信息交易、零担快运、仓储配送、政务管理、配套服务等综合功能。可为超过 3000 家企业提供服务，货运专线超过 500 条，静态停车超过 3000 辆，仓库面积超过 8 万 m^2。

2. 基地型公路港

以区域性和部分地区性综合交通物流枢纽为重点，打造约 100 个与骨干运输通道快速连通的基地型公路港，具备公路货物运输和综合物流的基本功能。

3. 驿站型公路港

以地区性综合交通物流枢纽和国家高速公路沿线城市为重点，形成一批与综合型和基地型公路港有效衔接、分布广泛的驿站型公路港，具备货物集散、中转换装、往返接驳等功能。

二是强化国际货运枢纽功能。重点结合“一带一路”沿线国家和地区产业布局与产能合作，布局建设国际联运枢纽。在上海、天津北方、大连东北亚和厦门东南国际航运中心等沿海主要港口、重要的内河与铁路口岸以及北京首都、上海浦东等国际枢纽机场布局国际多式联运枢纽，为我国货物进出口提供联运组织服务。对外重点在地中海、红海、阿拉伯海、孟加拉湾、安达曼海沿岸地区，依托瓜达尔、吉布提、比雷埃夫斯、塞得港等国际港口以及境外主要陆路铁路枢纽，合作共建国际多式联运枢纽，形成海外战略支点，为跨国产业与产能合作提供联运服务支撑。

2）提升货运枢纽衔接配套水平

加强货运枢纽设施能力建设，完善枢纽内部设施布局与功能区规划，提升装卸、存储、转运及其他辅助设施的配套能力。强化货运枢纽外部集疏运通道建设与衔接配套，重点围绕铁路集装箱场站，加快公路配套建设，依托公路运输灵活便捷性，形成以铁路集装箱场站为中心的配送网络，实现“门到门”运输。加快实施铁路引入大型公路货运站、物流园区、产业园区工程，提升设施设备衔接配套水平，有效减少货物装卸、转运、倒载次数，提高枢纽一体化水平。

统筹港口与铁路规划对接，加快推进疏港铁路建设及扩能，实现铁路与港口高效衔接，推进港站一体化，提高铁路集疏运比例，形成干支布局合理、衔接有效的铁水联运体系，加快港区铁路装卸场站建设。加快推进重要沿海港口疏港铁路建设，建成便捷高效的长江经济带港口多式联运系统，加快铁路与内河其他主要港口的连接线建设。

专栏6-4 “十三五”时期重要货运枢纽集疏运系统完善工程

1. 铁路引入港口工程

交通运输部、中国铁路总公司加快制定港口集疏运铁路建设方案，实施大连港、天津港、青岛港、宁波—舟山港、广州港、重庆港、武汉港、南京港等港口的集疏运系统建设项目，推进铁路线路引入内陆港、保税港区等。建设武汉港江北铁路二期、宜昌港紫云姚地方铁路、荆州港车阳河港区至焦柳铁路连接线、长沙港新港铁路专用线、岳阳港松阳湖铁路支线、连云港港赣榆港区铁路专用线、重庆珞璜港进港铁路专用线改扩建等。

2. 枢纽周边道路畅通工程

抓紧实施沿海和长江主要港口集疏运改善方案。实施昆明王家营、东莞石龙等2000个铁路货场周边道路畅通工程和交通组织优化方案。

3）拓展货运枢纽服务组织能力

通过引导枢纽经营者参与多式联运全程服务，或引导多式联运经营人参与枢纽经营，使枢纽更紧密地加入多式联运组织链条，提升枢纽服务能力和水平，强化依托枢纽的运输组织、物流组织、供应链组织等平台建设。

一是提升枢纽的信息资源整合服务能力。重点推进依托货运枢纽的信息互联互通和共享共用，充分利用互联网、大数据、云计算等现代信息技术，挖掘数据资源，开发数据产品，推进实体与虚拟、线上与线下一体化高效组织，促进货物、车（船、机）在途信息全程可查询以及运输可视化、智能化，实现资源共享共用、畅捷流转、精准匹配和高效配置。

二是打造"枢纽+"等系统交易平台。转变枢纽传统运输作业场所的功能，围绕经营性平台打造，整合货源、车辆（舱位）、班期、代理、金融、信用等基本信息和费用价格等市场信息，及时发布、实时更新、多方共享、撮合交易，设计多式联运优先撮合机制。

4）完善综合货运枢纽标准规范体系

加快研究完善紧密对接现代多式联运发展要求的货运枢纽设计标准规范，包括不同类型、不同级别的货运枢纽设计标准规范。尽管目前行业管理部门正在研究推进相关工作，也取得了一定成果，但整体工作仍不理想，前瞻性、系统性考虑不足。建议充分借鉴国际社会成熟经验，结合我国实际，特别是新技术、新业态快速涌现所带来的需求变化，完善既有标准规范，根据多式联运发展需要及时创建新型标准。

一是加快完善枢纽设施设备标准体系。根据多式联运发展需要，完善货运枢纽设施及配套设备规划建设设计运营管理等标准规范，包括枢纽内部转运机具、装卸设施设备、中转设施设备等。进一步完善与国际物流等标准对接的运输、组织、装卸、仓储等作业标准规范。加强产品生产、流通等全链条设施设备标准衔接。加快修订完善物流园区标准。

二是完善枢纽信息标准体系，加快建立共享服务平台标准化网络接口和单证自动转换标准格式。

三是完善货运枢纽服务标准，提升多式联运系统运行效率和操作安全性。

四是完善多式联运、物流以及综合货运枢纽与多式联运直接相关的统计核算指标和标准。依托现有研究机构，设立国家多式联运与货运枢纽技术标准规范、大数据处理等研发支持中心。

5）强化枢纽与产业贸易等联动融合发展

依托枢纽拓展多式联运产业链条。从产业链、供应链全链条融合联动的视角，强化货运枢纽组织协调和功能拓展，加快构建围绕枢纽的多式联运产业生态体系。加强运输、物流企业协同供应链上下游，构建多式联运跨界战略联盟，推进运输、物流、信息、金融、装备制造、国际贸易等跨界融合，以货物的实体流动牵引资金流、信息流，拓展增值服务。创新业态模式，强化重构资源组织方式，开辟新的市场领域。推进枢纽与产业园区、工业园区系统布局和协同发展，围绕重要货运枢纽或物流园区，打造集加工、贸易等为一体的现代产业综合园，打造支撑和引领产业转型升级和跨区域梯度转移的核心载体，提升枢纽的源生性聚集功能。

从我国战略发展的视角，在研究制定全国统一的多式联运规则，对货物品类、操作规程、责任划分、保险理赔、结算方式等做出一致性规定的基础上，依托核心枢纽和口岸，逐步在外贸货物运输中深入对接和影响国际通用规则，争取在国际规则研究、制定、修编中获得更大话语权。为此，需要以我为主，加快制定并推广使用多式联运标准合同范本和统一单证票据，并建立多式联运单据与银行结算、结汇等单证的联动机制。以中欧班列为依托，以具有口岸功能的重要枢纽节点为载体，以“一单制”为重点，探索使用由我国金融服务支撑的国际多式联运提单体系，逐步推进国际贸易结算新规则的构建。

6）加快营造支撑多式联运发展的货运枢纽产业生态

一是完善货运枢纽与多式联运发展的体制机制。从发展实际来看，支撑多式联运发展需要的货运枢纽已大大突破传统货运站场的单一运输功能的界限，而是涉及运输、物流、信息、金融、贸易、产业的融合性领域，因此单靠行业部门难以推进。2016 年国务院同意的《关于进一步鼓励开展多式联运工作的通知》，便是由交通运输部、外交部、国家发展改革委等 18 个国家部委共同推进。因此，建议在中央层面，由综合部门牵头，从国家层面统筹推进，解决货运枢纽与多式联运联动发展的导向、政策与协调等工作。

专栏 6-5　涉及多式联运与货运枢纽建设发展的国家主要部门

交通运输部、外交部、国家发展改革委、科技部、工业和信息化部、公安部、财政部、国土资源部、住房和城乡建设部、商务部、人民银行、海关总署、税务总局、工商总局、质检总局、国家统计局、保监会、中国铁路总公司等 18 部委。

二是完善多式联运与货运枢纽市场发展环境。建立健全符合市场规律和行业发展规律的价格形成机制，加强执法力度，维护市场公平。完善市场准入制度，优化市场结构，支持企业规模化、集约化、网络化发展。在枢纽企业设立分支机构、申办资质证照等方面，加大简政放权力度。加强诚信体系建设，建立跨区域、跨行业联合惩戒机制，加大违法违规的惩戒力度。加强安全监管，加大公路超载整治力度。

三是围绕多式联运要求重构铁路运输组织流程。树立“货运客运化、组织全程化、发展班列化、信息透明化”服务理念，结合铁路货运改革，将多式联运全程服务纳入铁路主营业务范围，把握运输链、物流链、供应链、价值链发展趋势，调整优化铁路货运组织流程，加快推进大宗零散货物快运、集装箱运输发展。以热点线路和区域为重点，优化组织运行图和调度计划，加大班列开行力度，压缩运输成本，提高规模经济效应，增强运输服务的完整性、时效性、安全性、便捷性和经济性。培育依托铁路业务的多式联运组织主体，加快铁路货场货站向真正市场主体的回归，全面提升铁路枢纽市场组织自主权。同时，在中国铁路总公司及各地方路局层面设立负责多式联运的专业部门，负责与其他运输方式企业协调多式联运事宜。按照市场化改革的总体方向，构建产权明晰、自负盈亏的多式联运经营主体和组织主体。

参考文献

[1] 哈·麦金德. 历史的地理枢纽 [M]. 北京：商务印书馆，2010.

[2] 帕拉格·康纳. 超级版图　全球供应链、超级城市崛起与新商业文明的崛起 [M]. 北京：中信出版社，2016.

[3] 肯尼斯·巴顿. 运输经济学 [M]. 北京：商务印书馆，2006.

[4] 杰里米·里夫金. 零边际成本社会　一个物联网、合作共赢的新经济时代 [M]. 北京：中信出版社，2014.

[5] 马克·莱文森. 集装箱改变世界 [M]. 北京：机械工业出版社，2008.

[6] 埃里克·布莱恩约弗森，安德鲁·麦卡菲. 第二次机器革命　数字化技术如何改变我们的经济与社会 [M]. 北京：中信出版社，2014.

[7] 迈克尔·波特. 国家竞争优势 [M]. 北京：中信出版社，2012.

[8] 胡思继. 综合运输工程学 [M]. 北京：清华大学出版社，2006.

[9] 徐宪平. 我国综合交通运输体系构建的理论与实践 [M]. 北京：人民出版社，2012.

[10] 汪鸣. 物流产业发展规划理论与实践 [M]. 北京：人民交通出版社，2014.

[11] 王庆云. 交通发展观 [M]. 北京：中国科学技术出版社，2004.

[12] 王庆云. 交通运输发展理论与实践 [M]. 北京：中国科学技术出版社，2006.

[13] 管楚度. 新视域运输经济学 [M]. 北京：人民交通出版社，2002.

[14] 管楚度. 交通区位论及其应用 [M]. 北京：人民交通出版社，2000.

[15] 罗仁坚. 中国都市综合运输系统 [M]. 北京：人民交通出版社，2009.

[16] 罗仁坚. 中国综合运输体系理论与实践 [M]. 北京：人民交通出版社，2009.

[17] 张有恒. 运输经济学 [M]. 2 版. 台北：华泰文化，2006.

［18］刘卫东，田锦尘，欧晓理．“一带一路”战略研究［M］．北京：商务印书馆，2017.
［19］刘伟，张辉．“一带一路”产业与空间协同发展［M］．北京：北京大学出版社，2017.
［20］贺登才，刘伟华．现代物流服务体系研究［M］．北京：中国物资出版社，2011.
［21］孙洛平，孙海琳．产业集聚的交易费用理论［M］．北京：中国社会科学出版社，2006.
［22］郝海，踪家峰．系统分析与评价方法［M］．北京：经济科学出版社，2007.
［23］胡永举，黄芳．交通港站与枢纽设计［M］．北京：人民交通出版社，2012.
［24］胡列格，刘中，杨明．交通枢纽与港站［M］．北京：人民交通出版社，2012.
［25］谈大洋．联合运输知识［M］．北京：人民交通出版社，1987.
［26］王庆功．货物联合运输［M］．北京：中国铁道出版社，2004.
［27］王稼琼．联运发展论［M］．北京：中国民航出版社，1995.
［28］杨清波．集装箱铁路多式联运箱型及办理站［M］．北京：中国铁道出版社，2008.
［29］姚新超．国际贸易运输［M］.2 版．北京：对外经济贸易出版社，2003.
［30］张文尝，金凤君，樊杰．交通经济带［M］．北京：科学出版社，2002.
［31］马健．产业融合论［M］．南京：南京大学出版社，2006.
［32］吴念祖．虹桥综合交通枢纽旅客联运研究［M］．上海：上海科学技术出版社，2010.
［33］刘武君．综合交通枢纽规划［M］．上海：上海科学技术出版社，2014.
［34］何世伟．综合交通枢纽规划理论与方法［M］．北京：人民交通出版社，2012.
［35］谭克虎．美国铁路业管制研究［M］．北京：经济科学出版社，2008.
［36］吴昊．交通运输与农业发展［M］．北京：经济科学出版社，2007.
［37］倪鹏飞．新型城镇化：理论与政策框架［M］．广州：广东经济出版

社，2014.

［38］杨正洪．智慧城市：大数据、物联网和云计算之应用［M］．北京：清华大学出版社，2014.

［39］李晓妍．万物互联：物联网创新创业启示录［M］．北京：人民邮电出版社，2016.

［40］腾讯科技频道．跨界开启互联网与传统行业融合新趋势［M］．北京：机械工业出版社，2014.

［41］程维，柳青．滴滴分享经济改变中国［M］．北京：中国工信出版集团、人民邮电出版社，2016.

［42］方远平，闫小培．大都市服务业区位理论与实证研究［M］．北京：商务印书馆，2008.

［43］北京大学“一带一路”五通指数研究课题组．“一带一路”沿线国家五通指数报告［R］. 2016.

［44］中国指数研究院．中国新型城镇化发展理论与实践［M］．北京：经济管理出版社，2014.

［45］交通运输部道路运输司．世界主要城市公共交通［M］．北京：人民交通出版社，2010.

［46］交通运输部规划研究院课题组．综合客运枢纽项目可行性研究指南［M］．北京：人民交通出版社，2014.

［47］孙小年，姜彩良．一体化客运换乘系统研究［M］．北京：人民交通出版社，2007.

［48］《中国大百科全书》总编委会．中国大百科全书［M］．北京：中国大百科全书出版社，2009.

［49］国家发展和改革委员会综合运输研究所．武汉市综合交通枢纽总体规划研究［R］. 2011.

［50］国家发展和改革委员会综合运输研究所．广州市综合交通枢纽总体规划研究［R］. 2012.

［51］国家发展和改革委员会综合运输研究所．大连市综合交通枢纽总体规划研究［R］. 2014.

［52］国家发展和改革委员会综合运输研究所．西安市综合交通枢纽总体规划研究［R］. 2016.

[53] 国家发展改革委综合运输研究所. 我国多式联运系统建设与发展研究[R]. 2016.
[54] 国家发展改革委综合运输研究所. 支撑多式联运的货运枢纽发展研究[R]. 2016.
[55] 国家发展和改革委员会综合运输研究所. 湖南省"十三五"综合交通运输体系规划研究[R]. 2014.
[56] 国家发展和改革委员会综合运输研究所. 新疆丝绸之路经济带交通枢纽中心建设规划研究[R]. 2015.
[57] 交通运输部规划研究院. 综合客运枢纽站场布局规划研究[R]. 2011.
[58] 北京交通发展研究中心，北京市工程咨询公司，等. 综合交通枢纽布局规划优化研究[R]. 2012.
[59] 交通运输部科学研究院，交通运输部规划研究院，交通运输部公路科学研究院，等. 西部地区综合客运枢纽规划设计与运营管理关键技术研究[R]. 2011.
[60] 王杰. 国际航运中心形成与发展的若干理论研究[D]. 大连：大连海事大学博士学位论文，2007.
[61] 张颖华. 港航产业成长与上海国际航运中心建设[D]. 上海：上海社科院博士学位论文，2010.
[62] 郝伟民. 云计算下多式联运管理系统研究[D]. 大连：大连海事大学硕士学位论文，2014.
[63] 邓溪. 铁水联运集装箱运价规制与定价研究[D]. 成都：西南交通大学硕士学位论文，2012.
[64] 张琳薇. 大型综合交通枢纽区域开发及其主导产业选择研究[D]. 上海：上海交通大学硕士学位论文，2013.
[65] 金震东. 国际航运中心软实力指标体系构建与评价研究[D]. 大连：大连海事大学硕士学位论文，2010.
[66] 赵贞慧. 京沪高速铁路车站商业模式研究[D]. 北京：北京交通大学硕士学位论文，2011.
[67] 罗雁君. 客运专线车站运营管理模式研究[D]. 成都：西南交通大学硕士学位论文，2008.
[68] 林辰辉. 我国高铁枢纽站区开发的影响因素与功能类型研究[D]. 北

京：中国城市规划设计研究院，2011.

[69] 谭小平．欧美多式联运发展的经验与启示［J］. 交通建设与管理月刊，2016（8）：48－49.

[70] 仇艳丽，赵艳芳，胡金涛．物联网技术在集装箱管理中的应用研究［J］. 物流工程与管理，2012（3）：106－107.

[71] 朱友文．集装箱多式联运公共信息平台建设研究［J］．铁道货运，2010（11）：4－16.

[72] 唐志英，周德苏，王仕川．基于多式联运的虚拟企业模式研究［J］．铁道运输与经济，2008，30（3）：75－77.

[73] 黄慧琼，伍转青．物流企业多式联运合作伙伴的优选研究［J］．铁路采购与物流，2015（1）：52－55.

[74] 杨志刚．多式联运经营人责任形式与赔偿责任之关联［J］．上海海运学院学报，2000，21（2）：84－89.

[75] 赵青松．中欧国际铁路班列运行特点、问题及对策——基于“渝新欧”班列的运行实践［J］．对外经贸实务，2015（3）：33－35.

[76] 王腾，卢济威．火车站综合体与城市催化——以上海南站为例［J］．城市规划学刊，2006（4）：76－83.

[77] 孙翔，田银生．日韩高速铁路客运站建设特点及其借鉴［J］．规划师，2010，26（1）：82－85.

[78] 叶冬青．综合交通枢纽规划研究综述与建议［J］．现代城市研究，2010，25（7）：9－14.

[79] 刘武君．一体化、可持续的综合交通枢纽规划［J］．城市交通，13（5）：30－35.

[80] 袁虹，陆化普．综合交通枢纽布局规划模型与方法研究［J］．公路交通科技，2001，18（3）：101－105.

[81] 铁路客运车站商业综合开发和管理培训团组．德国、法国铁路客运车站商业综合开发管理考察报告［J］．铁道经济研究，2009（1）：3－11.

[82] 李胜全，张强华．高速铁路时代大型铁路枢纽的发展模式探讨——从“交通综合体”到“城市综合体”［J］．规划师，2011，27（7）：26－30.

[83] 何宁，贺瑞梅．综合交通枢纽规划和需求分析方法［J］．城市交通，2006，4（5）：13－18.

[84] 张国伍，张秀缓，罗雄飞．综合交通枢纽的虚拟组织协同管理模式研究［J］．系统工程，2000，18（4）：43－48.

[85] 张国伍．综合交通枢纽智能化系统刍论［J］．交通运输系统工程与信息，2001，1（2）：129－133.

[86] 何世伟．新一代编组站调度系统的开发理念与实践［J］．铁道货运，2010，28（7）：5－11.

[87] 刘永谦．综合交通枢纽建设和运营管理模式的研究［J］．城市轨道交通研究，2010，13（2）：1－4.

[88] 李代坤，何世伟，申永生，等．综合交通枢纽城市级节点布局优化研究［J］．交通信息与安全，2012，30（4）：52－55.

[89] 苏小军，胡兴华，唐热情，等．长江上游综合交通枢纽构建思路［J］．交通运输工程与信息学报，2009，7（3）：107－112.

[90] 陈必壮，杨立峰，王忠强，等．虹桥综合交通枢纽的交通影响评价［J］．交通运输系统工程与信息，2009，9（6）：87－91.

[91] 曹允春，谷芸芸，席艳荣．中国临空经济发展现状与趋势［J］．经济问题探索，2006（12）：4－8.

[92] 曹允春．临空经济演进的动力机制分析［J］．经济问题探索，2009（5）：140－146.

[93] 胡剑芬，冯良清，饶烜．基于自组织与他组织理论的临空经济系统协同发展研究［J］．系统科学学报，2016（3）：48－51.

[94] 何枭吟．“一带一路”建设中内陆节点城市临空经济发展建议［J］．经济纵横，2015（9）：13－16.

[95] 郭湖斌．世界级国际航运中心形成和发展的经验与启示［J］．中国经贸导刊，2013（5）：21－24.

[96] 林仲洪，杨瑛，田亚明．从京沪高铁看高铁经济的重要作用［J］．铁道经济研究，2017（1）：1－4.

[97] 段进．国家大型基础设施建设与城市空间发展应对——以高铁与城际综合交通枢纽为例［J］．城市规划学刊，2009（1）：33－37.

[98] 贾永刚，祝继常，诸葛恒英．城市综合交通枢纽一体化开发模式与实施探讨［J］．铁道运输与经济，2012，34（8）：85－88.

[99] 于浩．我国高速铁路车站商业开发与管理模式探讨［J］．铁道运输与

经济，2012，34（8）：39－43.
［100］廉文彬，贾永刚．铁路车站经济圈的构建与运作模式研究［J］．铁道运输与经济，2011，33（6）：1－5.
［101］李胜全．高铁时代大型铁路枢纽的发展模式探讨［J］．重庆交通大学学报（社会科学版），2011，11（1）：11－15.
［102］王树盛．铁路客运枢纽综合开发热的冷思考［J］．江苏城市规划，2011（7）：47－48.
［103］李蕾．高速铁路客运枢纽地区综合开发探析——以三个近郊高铁规划设计创作为例［J］．华中建筑，2010，28（1）：133－137.
［104］郑德高，杜宝东．寻求节点交通价值与城市功能价值的平衡——探讨国内外高铁车站与机场等交通枢纽地区发展的理论与实践［J］．国际城市规划，2007，22（1）：72－76.
［105］汪鸣．综合运输的实现途径问题［J］．综合运输，2009（9）：4－9.
［106］汪鸣．我国多式联运现状与发展趋势［J］．中国物流与采购，2016（23）：92－94.
［107］汪鸣．物流枢纽城市的建设发展政策创新［J］．物流时代，2016.
［108］陈焕江．公路客运站布局和选址方法的研究［J］．公路交通科技，2001，18（3）：109－112.
［109］王学标．城市综合交通枢纽的分类与布局［J］．综合运输，2008（5）：24－26.
［110］赵丽珍．关于综合运输枢纽概念及其分类［J］．综合运输，2005（12）：23－24.
［111］席庆，霍娅敏，叶怀珍．交通运输枢纽中客运站点布局问题的研究［J］．西南交通大学学报，1999，34（3）：374－378.
［112］程世东．城市型综合运输枢纽的内涵及规划理念［J］．综合运输，2007（4）：5－9.
［113］程世东．综合运输枢纽规划研究内容及分析方法［J］．综合运输，2010（11）：14－17.
［114］樊一江．德国城市公共交通发展的经验与启示［J］．综合运输，2011（8）：51－60.
［115］樊一江，刘明君，毛科俊．武广深沿线高铁站建设运营情况分析及建

议［J］．综合运输，2012（11）：40－48.

［116］樊一江．发挥综合交通枢纽在新型城镇化中的引导作用［J］．综合运输，2013（9）：4－9.

［117］樊一江．客运枢纽综合开发需要重视的几个问题［J］．综合运输参考资料，2014（2）.

［118］樊一江．我国综合客运枢纽综合开发的问题与对策［J］．综合运输，2014（7）：8－13.

［119］樊一江．综合开发客运枢纽的政策建议［J］．综合运输，2015（9）：29－33.

［120］樊一江．交通互联互通：共建“一带一路”的先行官［J］．世界知识，2015（11）：13.

［121］樊一江．创新运输组织实现多式联运［J］．形势要报，2016（55）.

［122］樊一江．以创新组织为本 将我国多式联运纳入可实现轨道［J］．综合运输参考资料，2016（8）.

［123］樊一江．加快创新多式联运的实现方式与路径［J］．综合运输，2016（9）：25－27.

［124］樊一江．推广“一单制”构建多式联运系统［N］．中国经济导报，2016－12－10.

［125］谢雨蓉，樊一江．我国为什么要发展多式联运［J］．综合运输参考资料，2016（15）.

［126］彭文盛，彭辉．高速铁路引入既有枢纽客运站的布局［J］．交通运输工程学报，2004，4（2）：62－65.

［127］程继隆．强势：中国枢纽经济异军突起［J］．吉林省经济管理干部学院学报，2010，24（5）：3－7.

［128］储东涛，田伟．南京发展枢纽型经济的调查与思考［J］．中国名城，2016（10）：29－34.

［129］中华人民共和国国家标准．GB 50091—2006　铁路车站及枢纽设计规范［S］．北京：中国计划出版社，2006.

［130］中华人民共和国行业标准．JGJ/T 60—2012　交通客运站建筑设计规范［S］．北京：中国建筑工业出版社，2013.

［131］中华人民共和国行业标准．JT/T 200—2004　汽车客运站级别划分和建

设要求［S］. 北京：人民交通出版社，2004.
［132］中华人民共和国国家标准. GB/T 18354—2006　物流术语［S］. 北京：中国标准出版社，2007.
［133］中华人民共和国行业标准. CCAR－158－R1　民用机场建设管理规定［S］. 北京：中国民航出版社，2013.
［134］中华人民共和国国家标准. GB/T T24360—2009　多式联运服务质量要求［S］. 北京：中国标准出版社，2009.
［135］联合国国际货物多式联运公约，1980.
［136］推动共建丝绸之路经济带和 21 世纪海上丝绸之路的愿景与行动，2015.
［137］"十二五"综合交通运输体系发展规划，2012.
［138］"十三五"现代综合交通运输体系发展规划，2017.
［139］综合交通网中长期发展规划，2007.
［140］关于改革铁路投融资体制　加快推进铁路建设的意见，2013.
［141］关于支持铁路建设实施土地综合开发的意见，2014.
［142］长江经济带综合立体交通走廊规划，2014.
［143］促进综合交通枢纽发展的指导意见，2013.
［144］全国物流园区规划（2013—2020），2013.
［145］全国流通节点城市布局规划（2015—2020 年），2015.
［146］营造良好市场环境推动交通物流融合发展实施方案，2016.
［147］关于打造现代综合客运枢纽提高旅客出行质量效率的实施意见，2016.
［148］关于推动交通提质增效提升供给服务能力的实施方案，2016.
［149］全国城镇体系规划纲要（2005—2020 年），2004.
［150］全国主要港口名录，2004.
［151］国家公路运输枢纽布局规划，2007.
［152］中长期铁路网规划（2016—2025 年），2016.
［153］全国民用运输机场布局规划（2017—2025 年），2017.
［154］铁路"十二五"发展规划，2011.
［155］城市公共交通"十二五"发展规划纲要，2011.
［156］CHOONG S T. Empty container management for the intermodal transportation networks［J］. Transportation Research，2002，38（6）：423－438.

[157] ZELENIKA, Z ZEKIC. Mega carriers and niche operators of multimodal transport in the kaleidoscope of compatability and complements [J]. Journal of marine sciences, 1997 (44) .

[158] NAIR RV. Theory& practices of multimodal transport in Europe [C] . 9th World Conference of Transport Research, 2001.

[159] HUGOPRIEMUS. HST – railway stations as dynamic nodes in urban networks [Z] . 3rd CPN Conference Proceeding, 2006.

[160] S ALUMUR, B Y KARA. Network hub location problems: The state of the art [J] . European Journal of Operational Research, 2008, 190 (1): 1 –21.

[161] BATANOVIC V, PETROVIC D, PETROVIC R. Fuzzy logic based algorithms for maximum covering location problems [J] . Elsevier Science Inc. , 2009, 179 (1 – 2): 120 –129.

[162] YOCHUM GR, AGARWAL V B. Static and Changing port economic impacts [J] . Maritime Policy & Management, 1988, 15 (2): 157 –171.

[163] KEVIN AUSTINE. Port competition between Shanghai and Ningbo [J]. Maritime Policy & Management, 2005, 32 (4): 331 –346.

[164] VENABLES, ANTHONYJ. Cites and Trade: External trade and internal geography in developing economics [Z] . NBER Working Paper Series, 2000.

[165] Creating employment and prosperity in Europe: an economic impact study [C] . Kit. ACI EUROPE, YORK Consulting, 2002.

[166] The Economic Impact of Memphis International Airport. Spark sbureau of business and economic research ¢er for manpower studies [R] . The University of Memphis, 2005.

[167] HALL R, DESSOUKY M, LU Q. Optimal holding times at transfer station [J] . Computers & Industrial Engineering, 2001, 40 (4): 379 –397.

[168] WILLIGERS J. Impact of high – speed railway accessibility on the location choices of office establishments [D] . Utrecht University, 2006.

[169] DRIK HELBING, et al. Sel f2 organizing pedestrian movement [Z]. Environment and Planning B: Planning and Design, 2001.